不只找工作，幫你找到好工作

求職必知8大錄取祕訣・精彩職涯新提案

陳暐婷・著

　　暐婷攻讀英國杜倫大學（Durham University）行銷研究所，取得碩士學位後，便投入她最感興趣的行銷工作。從她加入104人力銀行後，就以顧客價值經營的觀點，探索求職者如何找到一份理想的工作，如今能夠淬取所學與行銷實務，分享給讀者，這是件造福求職者的美事。

　　周遭好友在尋找工作時，我們常會說，要找到一份理想的工作，有時是需要運氣或是八字夠好，但對致力於提升求職者顧客價值的行銷人而言，暐婷透過實務經驗的架構性整理，描繪出理想工作的樣貌，以及成功前進理想工作的八大祕訣。其次當我們身處科技網路與社群媒體蓬勃發展之際，過去單調的求職管道與方式，不能夠讓求職者在理想職務的競逐中勝出，因此只要充分運用書中所提求職不可不知的十大管道，就能為自己創造更多理想工作的機會。

　　相信讀者在閱讀本書後，必定可以省思與啓動追求幸福職涯的方程式，祝福您成為自己最喜歡的樣子，享受快樂生活與快樂工作。

鍾文雄

一零四資訊科技（股）公司副總經理暨人資長

社團法人中華人力資源管理協會理事長

推薦序2

　　內舉不避親，暐婷是我女兒，從小就有不同於常人的智慧和溫柔，膽識過人，但也很內斂。小時候就非常熱愛閱讀和學習，喜歡嘗試新事物，也常為自己安排許多挑戰與冒險。有許多神奇的事蹟，卻從不張揚，像是考試各科都滿分、朗讀比賽第一名、時常參加作文比賽得獎、當了全校升旗台國歌指揮整整兩年……，這些事情我們一開始全不知道，都是聽她同學、老師說了才得知的。

　　國中時，發現一位同學經常幫大家收拾中午吃完的便當盒，私下了解才知道是因為家裡經濟條件比較不好，一天只能吃兩餐，發育中的孩子到了中午便飢腸轆轆，只好吃同學們的剩菜充飢。暐婷回家便告訴了我們這件事情，全家一起想辦法幫忙，從此長期多訂一個便當給同學，告訴同學「因為我們班訂的數量多，所以廠商都會多送一個便當」，這種懂得分享的善良，令我感動，身為暐婷的父親，我感到很光榮、很驕傲。我相信她做的每一件事情，因為她總會去做「對」的事。她是個執著的人，一旦開始就會全力以赴，一定會將在104人力銀行所學的求職祕訣、擁抱快樂職涯的祕密，以及在英國所學之行銷策略與應用方法，全都無私的與大家分享。

從前求職者對工作的期望不外乎是錢多、事少、離家近；而現在的求職者則會更進一步的，渴望找到能夠持續成長、發揮所長、實現理想、自由彈性且重視人才的企業與工作。他們不僅在找工作，也在追尋職涯人生的意義與理想歸屬！

過去企業對員工的要求，不外乎是耐操、服從性高且夠專業；而現在的求才者，則會更進一步的希望找到人品端正、理念相投、創意無限、學習力強，又能夠「獨立思考」、「自己找答案」的積極人才，以符合新時代大環境的需求。他們不僅在找人才，也在尋找真正能夠並肩作戰的夥伴、將才！

由此可知，不論求職者或求才者都該進化了！才能夠趕上時代的腳步，真正理解對方的內心需求，也才能順利的如願找到可委以重任的員工和值得託付青春的企業，攜手共創雙贏的局面，打造正面的幸福職場。

非常推薦這本書，給在工作中迷惘的朋友們和所有不甘於「將就人生」想更好的職涯夢想家們！

陳之貴

國立宜蘭大學環境工程學系副教授

大陸水工股份有限公司董事長

臺大環工博士・技師高考榜首

推薦序3

　　三月，百花迎春恣意開展嬌顏，學校裡新一波的口試、放榜、新生晤談與畢業生徵才博覽會活動，讓校園生活忙碌非凡。而校園外的社會大眾亦正面臨許多更替的展開，新官上任、年後轉職、企業界法說會登場等，各項報導中的產業景氣與企業評比或多或少影響了莘莘學子與求職者的選擇。曉婷選在此刻出版本書，正是選對了焦點時刻，參考本書中的求職管道、前進理想工作祕訣，對於年輕學子或轉職者都有助益，可說是輔助讀者擴大蒐尋目標、快速強化求職勝算的武功祕笈。

　　特別是本書第四部分的無強硬學經歷限制之友善職務介紹，是曉婷服務於104人力銀行，集結其工作上的經驗與知識，悉心為求職者剖析的真實案例，對於不滿意自己的學經歷而怯於追求理想工作的夥伴，提供具體的分析，也讓多職工作者勇於開拓自己的求職領域。

　　最具有畫面感的幸福工作學，每一篇都讓讀者身歷其境，結合其於英國求學與國外旅遊經驗的描述，讓每一位求職者充滿能量去面對下一份工作，積極尋找生活中的美好。

　　曉婷得於忙碌的工作中彙整協助求職者追求理想工作的心得，以活潑生動筆觸撰寫實用的工具書，難能可貴，讀者

閱讀此書除參照指引提升求職能力外，更可感受作者熱愛工作與生活的熱情，求職更加順利。

關蓓德
國立臺灣大學
環境工程學研究所教授

推薦序4

我與作者陳暐婷小姐的父親陳之貴先生認識十來年，在暐婷求學階段就知道她認真、活潑、反應快，今天她將在職場中經歷過的，看到的，觀察到的心得整理分析撰寫成書——《不只找工作，幫你找到「好工作」》，值得讚許與鼓勵。

我雖然屆臨退休階段不再應徵工作，不過近二、三十年來我每年都要面試許多人，包括初入職場的新鮮人。從面試者角度來看這本書。〈I求職不可不知的10大管道〉對於求職管道寫得很詳盡且如何要善用管道特色與資源，對於求職者有很大的助益。〈II成功前進理想工作的8大祕訣〉寫的中肯精闢，盤點自己所具備的「工作能力」不要好高騖遠，釐清自己的求職目標了解自己真正想做的是什麼！以有效規劃工作的未來性，引導求職者往明確的目標前進。此書有新觀念也有方法指引，是一本務實的導引手冊。相信能幫助讀者找到好工作。我樂為之序。

德昌聯合會計師事務所榮譽所長 朱威任會計師
國際扶輪3523地區
第12分區助理總監(18-19)

一直找不到理想工作，怎麼辦？
什麼樣的工作才算是好工作呢？

許多職場朋友們，不分老少都爲這個問題所苦。有的人跌跌撞撞，求職處處碰壁，連找到工作都有困難；有的人則順利找到了一份又一份「不怎麼樣」的工作，就這樣犧牲熱情，熬過這漫漫職涯長路。難道我們就沒有別的選擇了嗎？

「職涯太長，不要勉強。」

我們總是會因爲各種原因，而不得不屈就一份不好不壞的工作。可是職涯實在太長，幾乎占據了近二分之一以上的人生，我們可不可以不要再「忍一忍過去就好」？可不可以從此不只找工作，而是找到屬於自己眞正適性適所的幸福職涯與人生？

　　因爲工作的關係，接觸到了許多在職場中徬徨、痛苦的朋友，也認識了很多自信享受工作的優雅職人。抽絲剝繭之後發現，其實只要掌握資源、用對方法，人人都有機會找到屬於自己的快樂職涯道路。

　　所以便開始興奮地，將這些日子以來的工作成果與心得收穫集結成書，同時結合眾多熱心前輩、好友們所提供的精彩觀點與故事，在此和各位職場朋友們分享。希望能夠「不只幫你找工作，也幫你找到真正的理想工作」。

　　誠心的祝福各位，求職順利，職涯充實精彩無限！

Contents

Contents

Contents

I

求職不可不知
的10大管道

想找工作卻不知從何下手？其實在你苦尋不到好工作的同時，企業們也正為找不到人才而煩惱不已。究竟為什麼你們總是擦身而過？哪裡有不錯的工作機會在等著你呢？

　　以下介紹10個比較大宗的求職管道與方式，給大家參考。

回母校國立中山大學演講。

1. 使用各大人力銀行網站求職

　　這是目前職場上最普遍、快速也最為大家所熟知的求職管道之一，透過方便的機制有效的媒合徵才企業與求職者。只需進到人力銀行網站新增並開啟履歷，便可以開始主動應徵心儀的職缺，同時接收企業主動邀約的訊息通知。通常職缺數量較大，選擇也最多，在像「104人力銀行」這類規模較大的人力銀行裡更不乏廣受歡迎的外商、上市上櫃企業、熱門雇主品牌、熱血新創公司等類型的工作機會。但也因為這種大平台式的網站性質，使得求職者在制式履歷中較難脫穎而出，面對大量的職缺也容易一時不知從何準備、下手。

　　以下就以自己在104人力銀行服務的經驗，提供大家一些超實用的人力銀行求職小祕訣吧！

(1) 善用搜尋篩選功能與精選專區

　　人力銀行的工作總數有數十萬筆，隨便一搜就是幾千、幾萬筆職缺，讓人看得眼花撩亂，根本不知道哪個工作好、哪個工作更適合自己，一筆一筆細看絕對會看到天荒地老！這時候就絕對要善用搜尋「篩選」功能，來替自己篩選出最想要的職缺。

　　進入人力銀行網站首頁後，通常都會有一個醒目的工作

搜尋功能區塊，可以初步篩選職務類別、地區等條件，或直接輸入關鍵字搜尋。點擊搜尋按鈕後出現的頁面便會有更細的「工作篩選功能」，其中包括福利制度、產業類型、上班時段、休假制度、學經歷要求還有大家最關心的薪資範圍等等。綜合多個自己最在乎的工作條件去搜尋後，再來細看所篩選出來的職缺，便比較容易找到自己真正喜歡的工作。

也可以在人力銀行網站首頁上多逛逛，上面通常會有許多行銷人員不定期整理出來的各種「精選職缺類型專區」，裡面會有經過挑選、整理的某種主題工作包，常常隱含不少驚喜，可以在裡頭好好的挖寶一番，說不定便能就此找到適合自己的工作也不一定喔！

(2) 用心突破制式履歷限制

因為人力銀行上的徵才企業多、求職者數量也龐大，為了節省企業與求職者雙方的時間，通常都會使用欄位格式固定的「制式履歷」機制。可是制式履歷缺乏變化，較難凸顯個人特色，對缺少豐富工作經歷的社會新鮮人來說更是一大劣勢。所以，這時候就需要靠一點用心的小心機，來突破制式履歷的限制啦！

社會新鮮人雖然剛畢業沒有什麼工作經驗，但履歷的「工作經歷」欄位也千萬不要傻傻的空白，否則履歷上完全

看不出相關能力實績實在非常吃虧。可以利用「工作經歷」欄位填入你精彩的「在學經歷」，比如：實習／打工／校園大使經驗、社團／組織／活動經歷、研究／專案／畢業專題等。別忘了每段經歷最好都能精簡、條列式的以數據實績佐證並強調出你在其中所扮演的角色。也可以利用附件檔案的功能加入自行製作的個人化個性履歷與相關作品。

而有經驗的工作者們，在轉職時也別忘了要「更新履歷」。很多人都會在轉職時直接開啓自己過去已經建置在人力銀行中的個人履歷，而忘了「更新履歷」這個動作。殊不知許多企業在看履歷時都會習慣篩選「近期內有更新的履歷」以確保履歷的有效性，若你的履歷更新日期顯示在30天以上，便會大幅降低被企業瀏覽的機率，而因此錯失許多機會。

(3) 客製化「自我推薦信」

透過人力銀行應徵時，在送出履歷前通常都會有一個「自我推薦信」欄位，可以簡短的推薦自己。其功能就好像國外求職時習慣使用的「Cover Letter」，是企業用人主管收到履歷時，將看到的第一份禮貌性的自我推薦附言。

大部分的人沒想太多，便會直接使用人力銀行系統預設的制式語句直接送出，因此大家的自我推薦訊息長得幾乎一

模一樣，內容不外乎都是「您好，我叫XXX，近日得知貴公司正在徵求OOO，希望能有面試的機會，謝謝！」這類千篇一律、毫無靈魂的句子，白白浪費了建立驚豔第一印象的大好機會。這時候你若能別出心裁的利用這個欄位精簡扼要又不失禮貌的簡短介紹自己、強調優勢並展現能力、企圖心與誠意的話，自然就能在眾多競爭者中輕易地脫穎而出！

(4) 多利用人力銀行免費工具資源

　　不知道自己適合什麼工作？不知道各種職務的工作內容、能力需求、薪水待遇、未來發展與市場情況？想看看同校／同系學長姊們畢業後都在哪工作、做什麼？想知道更多求職祕訣，怎麼寫履歷、自傳？怎麼在面試中成功拿下目標工作？其實人力銀行裡都有相關的免費求職工具資源！

　　以104人力銀行為例：想找職涯方向，可以做「性格找方向」104職業適性測驗；想了解工作內涵、待遇與發展，可以用「104職務大百科」和「104薪資情報」網站；想看更多求職祕訣也可以參考104人力銀行上的相關職場文章。這些服務，通通都是回饋給求職者們免費使用的實用工具。

(5) 不用害怕薪資「面議」，也不需要把年資要求看太死

　　如果對自己的能力有信心的話，就不用太擔心薪資欄寫

「面議」的職缺，看到喜歡的工作，就勇敢去試試吧！其實很多企業不喜歡填寫明確的薪資範圍，是有許多原因的，並不一定是因為薪資待遇太低而不敢透露。除了想藉此避免同業探知與內部紛擾之外，有時「薪資面議」的企業也是想要透過面試深入了解可能的未來員工，再依求職者的實力來敘薪，如果能力夠好又懂得爭取，很多企業甚至願意透過「面議」給出高於業界水平許多的薪水呢！

　　此外，也不需要把職缺上所註明的「年資要求」看得太死。只要能力足夠、年資與企業所要求的沒有差距太大，都可以放膽一試。「年資」只是企業在沒有更好的篩選辦法下所訂出的粗糙門檻，而在職場上，大部分的時候「實力」都比年資來得重要太多。如果你能夠在求職過程中向企業證明自己足夠優秀且完全有能力勝任該工作，年資又怎麼會是問題呢？

(6) 盡量大量的投履歷

　　很多人都會覺得只要選三、四個職缺投遞履歷就足夠了，最多也只投遞十幾個職缺，甚至疑神疑鬼的擔心應徵多家企業會讓自己顯得不夠專一。其實企業自己也是大量發送面試邀約、同時面試多位求職者，最後再來慢慢挑選，你又何苦執著於某幾家企業，白白替自己扼殺了許多的機會呢？

對於「求職者同時應徵多家企業」這件事情，大部分的公司都是完全可以理解的，而廣投履歷也能為自己爭取到更多的機會和選擇。然而，廣投履歷並不代表「亂槍打鳥」，毫無準備而缺乏用心的用同一份履歷亂投一堆與自身能力、經歷毫不相干的職缺只會浪費力氣而已，這種才是真正會讓企業搖頭的求職者類型。清楚自己所追求的職涯樣貌，針對目標工作類型精心撰寫履歷、自傳，然後不要設限的多多應徵相關心儀職缺，才是最聰明而有效的作法。

2. 參與校園徵才活動

三月是大部分大專院校的校園徵才季節，許多較有規模的企業都會前進各大校園設攤參與「校園徵才博覽會」活動，看起來就好像一場盛大的園遊會。即將畢業的學生們可以把握機會直接帶著準備好的履歷、自傳與相關作品資料參加各企業攤位的現場面試，你甚至有機會當場就獲得夢想工作的offer，企業也很樂意透過這樣的機會與學生面對面交流，若有任何工作、職涯上的問題，把握這個難得機會，問就對啦！

校園徵才活動通常不限本校學生參加，不同學校的校園徵才活動上也會看到不同的企業攤位，可以多多把握機會上

網關注相關活動訊息！

3. 政府之全國性與地方性就業服務機構／網站

政府為了挽救失業率，也提供了許多實用的求職網站與就業協助，像是勞動部「臺灣就業通」網站、「職訓中心」、「地方就業服務站」、「就業博覽會」等都是很好的就業協輔助資源，可以善加利用。

4. 各大社群、論壇之工作版

PTT、Dcard等各大社群論壇都有工作相關的討論版，Facebook上也有很多職缺分享社團、粉絲專頁，裡頭有很多網友熱心分享的職缺機會，雖然職缺數量不如人力銀行來得多，但有些論壇因為版規嚴明的關係，也就此達到了挺不錯的屎缺排除效果，刊登職缺內容都必須符合各項勞動法規並提供一定詳盡程度的工作相關說明。如果膽敢刊登壓榨勞工的職缺，就小心廣大的正義網友們了！

5. 其他類型求職平台

除了目前臺灣職場最多人使用的各大人力銀行網站之外，許多小型求職網站與跨國求職／求才搜尋引擎也都是可

以參考的實用找工作網站。比如：提供許多社會企業職缺的「社企流」、主打新創公司職缺的「Yourator」、整理環境保護相關工作的「環境資訊中心徵才」網頁、規模超大的跨國求職／求才搜尋引擎「Indeed」等。

6. 目標企業本身的網站徵才頁面

　　如果你的目標明確的話，直接搜尋夢想企業的網站或相關平台、社群，並留意其最新徵才資訊，然後主動出擊應徵，也不失為一個絕佳的辦法！因為確實有某些很不錯的優質企業都十分有個性，甚至完全不在一般求才平台上刊登職缺，只透過自己的企業網站與宣傳管道發布徵才訊息。所以說機會只留給積極努力的人，如果你真的很渴望進入某間企業工作的話，充實準備好自己然後隨時留意他們的最新徵才動態就對啦！

7. 人脈介紹

　　透過親友、師長、學長姐介紹工作，也是一個不錯的方式。雖然選擇不多，但因為是熟人所介紹的工作，也比較能夠事先了解詳細工作內容與企業內部狀況。不妨大方、禮貌地向周遭親友們表示自己目前正在求職，請他們有適合的工

作機會時可以多多幫忙。不過也別忘了，旁人並沒有義務要幫你找工作，除非是平日裡做人非常成功、人脈廣闊、本身能力不差又剛好機緣巧合身邊的人有不錯的機會願意幫忙介紹，否則完全被動的只依靠他人介紹工作的結果，只會讓你長期失業而已。所以不妨搭配本文所介紹的其他求職管道多管齊下，來替自己爭取更多的機會！

8. 利用網路平台長期經營個人品牌

在這個個人平台普及、自媒體崛起，個人主義大放異彩的時代裡，經營個人品牌變得格外重要。想像你就是一個品牌，認識的人會怎麼形容你，不認識你的人能透過哪些管道知道你，而他們對你的第一印象又會是什麼呢？既然現今有這麼多方便、實用的免費網路平台資源，何不好好善加利用，開始經營自己的自媒體與個人品牌呢？

儘管這方面的投入並不能讓你馬上得到工作機會或立即的好處與收入，但是好好利用時間經營自己，留在個人平台上的優質內容和足跡都會成為旁人認識你時最好的作品與見證，說不準也會在某個不經意的時候，為你帶來意想不到的機會和更多元的選擇呢！

【推薦平台】

快速擁有個人網站／部落格：Wordpress、Wix、Google+、
痞客邦

熱門社交平台：Facebook、Instagram、Youtube、Twitter

職涯類社群平台：LinkedIn、104職涯社群

9. 透過獵人頭公司尋找好機會

　　如果你具備一定的年資經歷、能力又在水準之上的話，
獵人頭公司也不失為一個不錯的求職選擇。直接上網聯絡獵
才公司，留下自己的履歷與聯絡資訊便會有專人為你服務。
獵才公司通常都是向企業收取仲介費，有些是事先收取費
用，有些則是事成了才收費，金額可能會是新進人才年薪的
某個比例，而對求職者的服務則是免費的。因此，獵人頭公
司為了賺取更高的仲介費，大部分都會認真的替你向新公司
談薪水。

　　此外，獵人頭公司也必須確保透過他們所介紹的人才，
能在新企業中待滿一定的時間，否則獵人頭公司便有義務免
費再替企業找到下一位合適的人選，因此除了少數投機取巧
的業者之外，獵人頭公司通常也都不太會胡亂媒合不適合的
人才與企業。

10. 傳統報紙與店家門口所刊登的徵才告示

　　儘管在網路發達的現代，這已經算是非常傳統的求職方式了，但現今仍舊有不少公司透過這樣的方式尋找人才，也還是許多人透過這樣的管道成功找到工作。如果你想找的是比較屬於初階型的工作、技術型工作、勞動型工作或者門市餐飲服務業類型的工作，這將會是一個不錯的求職管道，上述這些類型的職缺也會比較多。不妨定期關注各大報紙工作版與各大便利商店的免費求職便利通工作報，漫步在大街上的時候也可以多多留意各店家、工地所張貼的求才廣告，說不定就會找到適合你的好工作喔！

II

成功前進
理想工作的
8大祕訣

【別太急著開啓方向錯誤的努力，找到夢想工作之前，先找到你自己吧。】

Step 1.

盤點自己所具備的
「工作能力」

可以為你帶來收入的「工作能力」有哪些？

找工作時最重要的關鍵第一步，便是盤點自己的彈藥庫！在職場上我們都必須明白「天下沒有白吃的午餐」的道理，企業不同於學校，無可避免的都必須要有「非常現實且絲毫不溫馨浪漫」的獲利考量。公司之所以付出人力成本聘請員工，為的便是要找到能夠為公司「分擔勞務、創造價值」的人。而你能為公司做些什麼？又能創造多少價值呢？

　　現在，找個安靜不受干擾的地方，拿出紙筆，開始誠實的面對自己，盤點那些你所擁有的「關鍵能力」吧！這時候你所面對的只有自己，你可以非常誠實的全面檢視自己的優劣勢，也可以毫不客氣的羅列出所有最讓你引以為傲的能力與個人特色。這真的沒什麼好害臊的，一定要先全部都大大方方地寫下來，有時那些你認為最微不足道的技能或性格特點，反而都是能讓你在合適的工作崗位上表現得異常出色的關鍵職能呢！

初始階段　請「最廣泛的」羅列出
你「所有的」關鍵能力與優勢！

性格

　　你的個性是怎麼樣的呢？是感性、浪漫，還是理智而充滿邏輯，又或者是感性與理性兼備？你或許非常擅長與人相處，待人處世的智慧對你來說與生俱來，就像個天生的外交官；你或許排斥人群，但異常獨立，能夠享受孤獨、長時間專注於某項事物且確實完美地完成它。你可能有些莽撞、粗心，卻有過人的膽識，無可救藥的樂觀且百折不撓、無所畏懼；你可能生性害羞、膽怯還有些厭世的悲觀，但卻認真負責、處事謹慎而可靠，且總能冷靜的做全面性的考量，未雨綢繆的做出最安全的打算。

　　所以說，其實每個人都有他獨一無二的性格特色。好好地羅列出來，不僅能夠幫助自己思考適合的職涯道路、充分發揮性格特點並有意識的陶冶性格稜角，還能在求職時自信展現優勢，更有說服力的替自己爭取機會呢！

範例一

　　阿華是個時常膽怯、悲觀，有點猶豫不決而不夠有自信與魄力的年輕人，但他心思細膩、喜歡照顧人，處事圓融而善解人意，做事認真負責且效率極高。

　　你或許會在心裡暗自為他的人生擔憂，上述這些似乎都不像是晉升「人生勝利組」該有的條件呀！這樣的阿華真的可以找到能讓自己幸福的工作嗎？

猜猜怎麼樣？

對自己十分沒有信心的阿華，在接觸服務產業後，竟然意外的發現自己比誰都還要得心應手，不論是電話客服還是與顧客面對面的門市工作人員、遊樂園工作人員、餐飲服務人員等，善於觀察、體恤，不卑不亢卻也能夠彎得下腰的高EQ，都成了阿華最大的優勢。看著他從容優雅的極致服務與客人們對他的好評價，你會讚嘆有些天分確實是與生俱來！在對的位置上，每個人都可以閃耀得像顆獨一無二的寶石。

能力

　　所謂「天生我才必有用」其實是自有其道理的，或許你經常感覺自己一無所長，但絕對沒有一個人是「完全沒有『任何』可以為社會貢獻的價值的」！只要好好地探索、用心的培養，每個人都可以找到自己的長處，並且透過努力讓看似不起眼卻含苞待放的「潛能」，在時機成熟的時候傲然綻放，成為你隨身攜帶的「專業」。

範例二

　　小茹的想法總是天馬行空，她稍有一點畫面、美感概念，但又不像設計系的本科生那樣，能夠獨立創作出令人驚艷的作品。平時很喜歡自己寫寫字、寫寫散文，雖然文章不到出類拔萃但讀起來文筆通順且內容還算耐人尋味，她平時就很喜歡看電影、看展覽、看廣告，也愛觀察各式各樣的人，EQ不錯而且還挺有幽默感的。

　　這樣的小茹，可以從事的工作有哪些呢？

猜猜怎麼樣？

只要「有心的培養『目標工作』所需的專業」，她的出路將多到超乎想像！（如：電影企劃、廣告文案／企劃、行銷企劃、社群小編、遊戲設計師、藝文產業專案企劃、策展人、公關、專欄／外稿寫手、編輯、作家、記者、編劇等。）

將零散的性格能力藍圖，
整理成能夠漂亮呈現在履歷表上
的精彩「職能描述」

前頁範例二之進階歸納

　　上面例子中的小茹便可以將自己的「工作能力」有系統地歸納成「充滿創意，具美感思維，文筆流暢通順且極富感染力，對電影、展覽與廣告充滿熱情且皆有深入的研究，善於觀察，待人處世EQ高、開朗且富有幽默感」，然後在履歷／自傳與面試中，適時而聰明的包裝、強調出自己的關鍵優勢！

以下提供兩大步驟的思考方向與表格工具，給讀者做參考。（想到什麼都不妨大方地全寫下來）

一、初始階段：請「最廣泛的」羅列出你「所有的」關鍵能力與優勢！

性格與個人特點	
能力（各式各樣的都算）	

二、進階歸納：將零散的性格能力藍圖，整理成能夠漂亮呈現在履歷表上的精彩「職能描述」。

性格優勢	
專長、職能	

【出了社會才發現，最困難的不是改變世界，而是別讓世界改變了你。】

Step 2.

釐清自己的求職目標，了解自己真正想做的是什麼！

不要拿別人的期待當夢想！想想「你，是誰？」

　　對於那些老早就對自己的夢想與內心嚮往了然於胸的人們來說，此一章節或許十分多餘，他們從小就知道自己真正想要的是什麼，每一步、每一分的努力都目標明確。然而對於那些興趣廣泛，不甘於一輩子在同一間公司、同一個工作崗位上消磨一生的朋友，亦或甚至對未來完全沒有任何頭緒、一片茫然的朋友們，此篇文章或許能為你帶來一些實用的幫助。

　　我們時常埋怨身邊的人不夠了解自己，其實你自己又了解自己多少呢？在職場上常能觀察到一些有趣的現象：大家總是非常熱衷於抱怨工作，但大部分的時候，我們都只知道自己「不想做什麼」，卻不太說得清自己「真正想做的是什麼」。可見這是一個多麼困難而普遍不受重視的問題！你曾否認真的問過自己「你真正想做的是什麼」嗎？有些人只需要得到適當的引導，經過一段時間的努力與探索，便能找到自己的天賦與熱情所在，而有些人則終其一生都在追尋此一問題的答案。

以下提供4個有趣而實用的方法，幫助你早日找到屬於自己的快樂職涯。

方法1. 深入內心的自問自答：「你，是誰？」

吃飯的時候、洗澡的時候、通勤的時候、睡覺前……，一有空檔便問自己，然後不斷的反覆思考，用不同的情境去挑戰自己。

「你對未來的想像是什麼呢？你想成為什麼樣的人？想過的是怎麼樣的生活？所追求的又是什麼？」「你在做什麼事情的時候最有成就感？做什麼事情時，會有停不下來的興奮感？」「有哪些事情能讓你一想到便熱血沸騰？」「有沒有什麼事情，會讓你廢寢忘食，甚至忘記了辛苦與疲憊？而為了這樣一個目標與夢想，你能夠付出和犧牲的極限又到哪裡呢？」

面對這些許多問題，每個人心中的答案一定都不盡相同：

阿誠一生就愛追求物質的極致享受，認為人生得意需盡歡，吃的要是高檔料理，穿戴得需名牌、限量，出入自當名車代步。他重視金錢，也非常積極努力的心甘情願為金錢奔

波，目標成為公司裡業績第一的頂尖業務，讓公司與顧客都不能夠沒有他，十分喜歡與人接觸、周旋的過程，同時也非常享受這種充滿挑戰與起伏的職涯人生。

小帆熱衷設計，就連日常生活中的休閒娛樂（看電影、展覽、研究音樂等）都彷彿是在為工作累積創作的能量來源，靈感一來便徹夜不眠的工作，雖然辛苦卻不感覺疲憊，作品完成之時就被滿溢的幸福感包圍，張牙舞爪的現實也變得輕如鴻毛。他夢想成為知名的平面設計師，對物質沒有太大的迷戀，只追求高質感的生活品質與精神享受。結合他的藝術專長與烹飪興趣，無需花大錢也能為自己打點精緻的三餐與生活、布置出一個時尚而溫馨的家。

你瞧，上述的兩人是多麼的不同啊！要逼迫他們去走相同的路，簡直荒誕可笑至極。人生的藍圖是無法複製貼上偷懶套用的，每個人都有一條（甚至多條）「最能夠讓自己享受其中」的職涯道路。而你，又是哪一種人呢？花點時間了解自己吧！

方法2. 抱持好奇心積極探索世界，讓興趣與熱情猖狂的萌芽

出了社會之後，身邊的人彷彿都一夕之間成了人生成功典範與職涯導師，開始對你的人生指手畫腳了起來。「你很喜歡潛水呀？可是那跟工作與成功無關吧？」。千萬不要因為有人這樣告訴你，便輕易的放棄了難得感興趣的事物！

要在無聊又艱難的人生裡，發現能夠讓你純粹享受其中的事情，是多麼的不容易啊！而這恰恰正是人生有趣的關鍵呀！

「如果有人以愛之名，企圖強硬的左右你的人生。

淡定的看看他，深深看進他的過去、現在與未來。

如果他的人生不是你的夢想，那麼他的建議，你參考就好。」

誰說興趣、熱情與職涯無關？

永遠對世界抱持好奇心，正是找到快樂職涯的關鍵！千萬不要輕易的遺忘了探索生命的趣味、失去了那最單純而珍貴的赤子之心。盡可能的去嘗試所有能夠吸引你目光的事物吧！從沒試過，又怎麼會知道自己喜歡做什麼、不喜歡做什麼？怎麼會發現自己擅長做什麼、不擅長做什麼呢？打比方

來說，如果一位未來的世紀攝影大師，終其一生都沒有機會接觸相機、影像，那不是太可惜了嗎？

　　純粹的嗜好可以讓你在工作之餘徹底的放鬆，享受生活，確實充電並重拾對工作與人生的滿滿活力和創意。擴展興趣同好與人脈的同時，更潛移默化的將你陶冶成一個有趣、有故事且充滿靈性與生命力的人。

　　而中毒至深，鑽研到昇華成為「個人專業」的嗜好，則可能為你的工作帶來獨一無二的迷人色彩，甚至驚奇的就此成為你往後的職涯主業。

　　實例：以前的阿勝是個喜愛戶外運動的熱血上班族行銷企劃，而現在的阿勝則將興趣與專業結合，成為墾丁大街上最出色的潛水教練之一，發揮行銷專長和朋友合夥開展潛水事業，行銷、宣傳、口碑經營全都一手包辦，黝黑而陽光的臉上滿是充實、快樂的自信笑意。你說，有什麼事是完全不可能的呢？

　　盡情的發展興趣、擁抱熱情吧！

方法3. 把握學生時期，盡情的去實習、去打工吧！

「我的夢想是當高中老師！！」

「是喔！那你編過教案、跑過公文、教過學生或者曾經站在講台上分享過嗎？」

「……沒有。」

如果你只是用想的，卻從來沒有真正去做過，那麼現實的實際情況絕對會一秒粉碎你對夢想職務的一切浪漫想像。

就拿我自己來說吧！學生時期因為看了許多吹捧時尚咖啡店、餐館的雜誌報導，所以一直嚮往著有一天能在一家裝潢典雅的餐飲店裡工作。當時所想像的餐飲工作生活，不外乎就是每天悠閒的啜飲著茶飲咖啡在店裡轉悠，偶爾招待一下到訪的客人，閒暇時便靜靜的窩在角落裡看書，多寫意啊！大三暑假時，我終於逮到機會，成功進入了一家氣氛、裝潢都與我天真的期待分毫不差的複合式咖啡簡餐店打工。然後，惡夢就這樣開始了！我每天都必須站足8個小時，而正職員工的工作時數又比我還要更長，大部分的時間都在拼命地洗碗、送餐點、打理環境整潔、偶爾有機會可以在狹小得稱不上是廚房的流理台上幫忙製作一些「開封－加熱」式的無趣餐點，還得面對脾氣暴躁的店長和各種性格稀奇古怪的同事，好不容易輪到自己去角落休息半個小時，那肯定是

累到滿身油汙倒頭就睡，直到不情願地被店裡的夥伴挖醒，又是一場菜渣混雜著咖啡香的艱苦硬仗。不到2個月我就完全可以確信，餐飲業絕不是我夢想踏上的工作道路。

有時能夠提早知道自己「不想做什麼」，然後把它從夢想清單上小心的劃掉，也是追尋理想職涯的路上，非常寶貴的斬獲呢！而直接、勇敢的去嘗試，便是其中的關鍵！

「打工」可以磨練稜角、讓你以最快的速度社會化，學習到寶貴的待人處世智慧，真真切切的了解「透過自身勞動付出賺取收益」的職場運作模式，並且深刻的體會到每一分錢都得來不易。

而「實習」則更進一步地讓你在出社會前就有機會深入職場，直接體驗目標職務的工作內容與一天的樣貌，你會發現原來真實工作和書本上的所學，竟有這麼大的不同；你會遇到許多挫折，也會學到不可多得的經驗，然後驚喜地發現原來這樣的工作我也做得來！這些實戰經驗都會大大的豐富你的履歷，也讓你在未來面試求職的過程中更有自信。如果所應徵職務的工作內容你都曾經實際做過，甚至還做得有聲有色，還會有哪家企業不搶著錄取你呢？實習表現若出色的話，你甚至有機會在實習結束後便直接被求才若渴的企業高薪留下，聘請成為正職員工，畢業前就搶先拿下理想工作！所以說，實習可說是社會新鮮人不可多得的寶貴經驗與機

會，建議不妨在畢業前多多爭取，到夢想企業裡去實際走一遭吧！

方法4. 深入了解夢想職務的內涵與職涯全貌

如果你真心對一項事物感興趣，那麼是不是至少該對「與那項事物有關的一切資訊」有求知若渴的執著呢？抓住這份熱情，盡可能全方位的搜集所有你能觸及的相關資料，盡量去了解這份讓你魂牽夢縈的夢想工作吧！

搜集目標職務相關資訊，並了解目標職務的工作內容、職能要求、市場薪資行情、產業情況、未來發展與一天的實際工作樣貌，是非常重要的。就好像愛情和婚姻一樣，因為深刻了解、相知相惜，而慎重決定攜手一生的感情才容易走得長久，就算中途因故分開了，也較能心平氣和，遺憾卻不帶後悔。

了解的管道有很多，詢問業界朋友／前輩、看書、看電影／雜誌、上課進修、日常觀察、上網搜尋等，都是很不錯的方法。而其中「上網搜尋」更是資訊爆炸時代裡的一大福音，沒錢、沒時間不再是藉口，只要有心了解，網路上多的是你一輩子也消化不完的知識與資訊，透過聰明的選擇和吸收，你便能快速的得知絕大部分關於這份工作「你最迫切渴

望知道的事情」。

　　接近真相的過程肯定有驚喜也有幻滅，就像每一種工作都有它的美麗與哀愁。如果你能欣賞一份工作的美好，也能坦然接受它的不完美，甚至願意為它做出一定程度的小小犧牲（比如作家犧牲看劇的時光，來重複打磨自己的文字），「痛苦並快樂著」的享受其中的話，那麼恭喜你！你或許真的找到了那份能夠讓你幸福的工作！繼續朝著目標前進，努力充實自己、全力以赴吧！

★免費求職工具&資源：

● 104職業適性測驗（性格找方向）：專業職涯適性測驗&報告 https://goo.gl/6TsL6M

● 104職務大百科：看各職務工作內容／要求、發展與薪水 https://goo.gl/UJDgFg

● 104職務總覽：看各職務工作內容／要求、發展與薪水 https://goo.gl/FFWRcx

● 104升學就業地圖：看各校各系學長姊畢業出路 https://goo.gl/nDkvyB

● 百工的一天：各行各業工作分享 https://goo.gl/d1Drz7

【努力到累得快要失去自己的時候，別忘了還有一種成功，叫做「用最愛的方式過生活，認真活成自己最喜歡的樣子」。】

Step 3.

了解目標工作要求，有計畫的充實相關職能、建立作品與實績

為什麼夢想一直只是空想？
不好不壞的工作，你要做一輩子嗎？

「不是很厲害才能開始做，而是要做了才能變得很厲害！」

　　這句話是一位我十分喜愛、欣賞的前輩同事的座右銘，而她恰恰正是這句話最好的見證者。從一位熱愛園藝的溫暖企業單位主管與公司裡的「種菜社社長」，到成為獨立自信的園藝治療師與植栽老師，「努力成為自己最喜歡的樣子」的路上肯定有許多不為人知的汗水和努力，你一定很想知道，她究竟是怎麼辦到的？然而仔細一想，便會發現其實她所做的不過是「相信自己、付諸執行」這樣無比簡單、直覺的事情而已。

　　有些可憐的人們，總是喜歡智者般的大肆批評、抱怨周圍的一切，並藉此作為他們「不作為式」人生的藉口。

　　「快樂的工作？不可能啦！」
　　「爭取更好的職場待遇？別做夢了！」

　　有個理論說得大快人心，「抱怨不能改變任何事情，但是很爽！」。可是難道你真的甘願每天行屍走肉地做著一份不好不壞的工作，和企業分享一個沒有感情的目標，就這麼一直毫無激情地將就著，只偶爾卑微的透過不痛不癢的

抱怨，對命運發出無比微弱的抗議嗎？不管環境再怎麼的艱難，我們起碼該是自己生命故事裡的主角，職涯占據了近二分之一的人生，你難道甘心就這樣「將就將就」就好？關於理想，你除了抱怨之外，就不願意再替自己多嘗試、多努力一分一毫了嗎？

　　不喜歡現況，那就改變它吧！

　　如果永遠不努力、不開始，自然就永遠都只能在原地踏步。我們怎麼能夠一直天真、妄想的「重複著相同的事情，卻期待能夠得到不一樣的結果」呢？確定職涯目標之後就勇敢付諸行動吧！（關於如何探索自己、找到自己真正想做的事，請見前一章節。）

第一步　了解並有計畫的充實目標職務的「關鍵職能」

　　如果你已經知道自己想做什麼樣的工作、想追尋怎麼樣的職涯發展，那麼下一步你肯定必須要了解目標職務所需具備的條件與工作技能，然後竭盡所能地充實、準備好自己，才有辦法在機會來臨時，精準的牢牢抓住它！

　　你可以利用像是「104職務大百科」（https://goo.gl/gP4BkM）這類的人力銀行免費職務分析工具網站，來了解目標職務的工作內容、要求、市場狀況，甚至是薪資行情與未來發展。也可以透過向業界前輩請教（Giver App: https://goo.gl/MQB6p1）或簡單的網路搜尋，來快速了解各職務與職涯發展的「職能要求」，並有計畫的擬定自己的學習時間表。你可以報名相關的免費或付費課程、閱讀有關的書報雜誌、利用網路免費資訊與資源學習，或透過自己的實際操作、不斷練習來磨練技能。

舉例來說：

　　如果你渴望成為一位職業「婚禮攝影師」，那你肯定必須要廣泛的透過上述所介紹的方法，了解並且學習一切「關於這份工作」你所必須要知道的事情。其中包括這份工作需要哪些技術、裝備、知識、思維；該要與合作夥伴、工作室

並肩作戰，還是隻身闖蕩的獨立開業接案；應該如何建立作品集、包裝行銷自己、擴展人脈、尋找曝光平台，從找到第一位客戶到經營出源源不絕的穩定客源；怎麼簽約保障自己、怎麼建立可信賴的金流管道、怎麼議價、怎麼透過良好溝通來達成客戶要求，為客戶記錄下他們一生珍藏的幸福時刻等。

「抱怨身邊的人和環境不好，只顯示了：以你目前的實力，就只能為自己爭取到這樣的工作條件。」，這個說法雖然挺傷人，卻也不無道理。如果你能力不足又不願意充實自己，或者實力堅強卻不會、不敢或不去學習如何積極的替自己爭取機會、創造可能，那麼自然永遠都只能在不甚滿意的工作環境裡，消極的走完不怎麼樣的一生。

相反的，努力改變，擁有更提升的價值與實力後，自然也就有機會能夠去追求更好的環境和待遇，甚至是自己夢想中的職涯與生活啦！

第二步　積極建立能夠證明自己、被大家看見的作品、實績

　　曾經聽一位特別有活力的職場前輩演講，他同時擁有講師、作家、科學家、創業者等多重身分，仍舊每天樂此不疲的持續學習、探索更多有趣的人生選擇。而他所分享的「快樂工作追尋祕訣」中，非常關鍵的兩件事，便是「有持續的產出與有能夠被看見的管道」。

　　不論你想爭取的是正職工作，還是獨立接案機會；不管你是正在尋找第一份工作，還是正準備從原本工作跳到下一個更好的位置上去，累積「與目標職涯發展相關的」作品、實績，都能讓你大大加分，離目標更進一步！

　　達到目標最好的方式，就是直接做了就對了！沒人規定沒有人聘僱你，你就不能自己開始著手去做相關的事。如果想成為「社群小編」，就自己創立一個Facebook粉絲專頁之類的社群平台，開始擠出時間用心經營；如果想成為「電子商務行銷企劃」，就利用免費購物、拍賣平台，開始試著自己賣出第一件商品，試著成為一位成功的網拍賣家；如果想成為「影評人」，就開創自己的部落格，不管有沒有人要看，開始著手寫影評、開始用心經營自己的自媒體就對了。

　　千萬不要因為看不見短期的成效與報酬就灰心喪志，沒

有一段努力的經歷是毫無意義的，過程中所累積的經驗和產出都可以直接應用在履歷與面試中為你大大加分！如果你幸運的在獨自摸索、嘗試的階段就獲得巨大成功的話，你甚至不需要別人來「給你一份工作」，你可能會擁有自己的事業，企業邀約也會如雪片般飛來，你所得到的將會是更多意想不到的機會和選擇。而擁有「選擇的自由」，不正是人生最幸福的一件事嗎？拍拍屁股站起來，開始為自己工作，為夢想行動吧！

【不要輕易地為誰改變你原本的樣子，努力成為那個你想成為的大人。】

Step 4.

簡單打造
超吸睛制勝「履歷」

為什麼你的履歷被當垃圾？
擺脫求職已讀不回魔咒！

「為什麼我的能力明明不差,
卻總是在求職過程中處處碰壁?」

「為什麼我的履歷看起來完整、安全,
卻老是被企業已讀不回,就算成功錄取了,
也只能爭取到不怎麼樣的工作和待遇?」

　　原因或許在於我們對履歷「本質和用途」的誤解,以及對履歷致勝之關鍵祕訣與禁忌的一無所知。如果不了解履歷,又怎能讓履歷成為你前進理想職涯的通關入場券呢?

校園徵才活動現場。

履歷基本要素

所以履歷究竟是什麼？

履歷是求職者和企業第一次接觸時所傳遞的重要訊息，就好像是求職者的個人商品廣告一樣。並沒有強制規定的格式、內容與順序，但肯定會需要足夠讓企業在最短的時間內認識你的重點資訊，其中通常包括了：

1. 基本資料

姓名、電話、email、地址等讓人可以聯繫到你的重要資訊。

2. 個人照片

依國家、地區、法律與風俗習慣的不同，「履歷上是否要放置個人照片」與「照片的風格形式」也都需要因地制宜。有些國家的履歷是不能放照片、生日、婚姻、血型、籍貫、年齡、證件號碼等可能造成歧視或引來危險的敏感資訊的。故若要前往海外發展，履歷最好也能尊重當地習慣與規範，入境隨俗。然而，以臺灣目前的職場文化習慣來說，

沒放照片的履歷較容易被企業用人主管直接忽略，這些求職者們也因此少了許多的機會和選擇。

此外，如果你應徵的是企業文化活潑、鼓勵跳脫框架的公司或者藝術、創意、演藝相關職務，那麼照片或許可以別出心裁的強調藝術美感與個人主張。但如果你所應徵的是一般企業、相對保守的產業或較為嚴謹的職務，那麼最好打安全牌，採用較為正式又能展現個人魅力與特色的「專業形象照」。有一個通用的原則就是：盡可能的挑選陽光正面、友善自信、清晰專業且看起來像是個善良公民，讓人看了能產生信賴感而不會覺得古怪或擔心受怕的照片就對啦！

3. 學歷

只寫最近、最能凸顯優勢的2～3個學歷即可，不需要鉅細靡遺的從幼稚園寫到大學、研究所或博士畢業。順序上，把最高的學歷放在前面，由近的學歷寫到遠的為佳。

4. 經歷（工作經歷／在學經歷）

一樣把握「由近寫到遠」的順序規則，選擇最能夠展現優勢的經歷書寫即可，太過瑣碎、不重要或者毫無加分作用的經歷便不要寫出來混淆視聽，一切以「簡單扼要、一目了然的極致展現自身優勢」為最大原則。如果剛畢業沒有工作

經歷的話，就由實習、打工經歷著手，或者盡量寫下那些最令你驕傲的「在學經歷」，比如社團、志工、系學會、校內外活動等。撰寫時別忘了強調那些「與目標應徵職務」最相關的經驗與能力，同時透過「數據」或其他證據簡單明瞭的彰顯事實、佐證戰績。

5. 語言／證照／技能專長／事蹟

條列式、有組織的放入那些最能讓你加分的個人優勢吧！

6. 其他非必要選填：期待薪資／興趣嗜好

如果你本身條件不錯，又對自身能力充滿自信且對薪資待遇目標明確的話，填上「期待薪資範圍」可以直接過濾掉那些實在給不起或者不願意付出這個薪水聘請你的企業，輕鬆省去不少面試時間與來回談判成本。但如果你對自己的能力較沒有信心，或希望能盡量嘗試、把握住每一次機會的話，那麼便不要在履歷上填寫期待薪資，為自己保留談判空間，待面試時再當面議定即可。「興趣嗜好」方面，若有特別有趣或能令人眼睛一亮的地方再簡潔有力的條列式填寫即可，如果只是看看電視、逛逛街之類較無特殊之處的嗜好，便可以直接省去不提。

履歷致勝關鍵

　　你以為只要乖乖填滿以上資訊，就可以順利獲得理想工作了嗎？照表填空的書寫人人都會，但自我行銷的包裝技巧，卻大有學問。這就是為什麼有些人的履歷能為自己爭取到難得的機會，而有些人的履歷卻讓人過目即忘甚至棄如敝屣。

　　在撰寫之前必須釐清的事情是：人資與企業用人主管們「真的都沒有那麼多的時間看履歷」，通常接到履歷時都是用最短的時間一掃而過，所以履歷必須精簡，必須讓人一眼掃過就看出亮點，相信你可能會是企業正在渴求的人才，進而願意提出面試邀請，願意花時間面對面更深入的了解你。畢竟，若連面試的機會都沒有，就算再有真才實學也是枉然啊！

　　以下，說明撰寫時必須要知道的決勝重點與常見錯誤。

決勝
重點

1. 將內容去蕪存菁，精煉至剛好填滿一頁

　　不重要的不寫，只寫最能凸顯自身優勢的資訊，最好能不多不少的剛好寫滿「一頁」。多了不夠精彩，反成囉唆，少了又不經意透露出自己人生的匱乏。

2. 只寫事實，並用數據或實績佐證

　　只寫最精彩的成就「事實」，並且用「可量化的數據成績」或相關「實績證據」漂亮的包裝佐證，少用虛無飄渺的華麗形容詞。

3. 每段經歷最好都能有3～4點的精簡說明

　　用精彩扼要的條列重點簡述你在該段經歷中所負責的事情與「關鍵成就」。如果經歷只寫「某某公司產品企劃」，那麼可能有好幾十個應徵者都跟你一樣做過產品企劃，企業又怎麼有辦法看出你的不同呢？

4. 你的真誠需要有點頭腦

　　誠實，但不要太傻。不需要在履歷中自曝其短或欲蓋彌彰的花大量篇幅去解釋自己的缺點、過失。履歷篇幅本就有限，必須字句斟酌，只要是沒有加分作用的資訊通通都可以不寫。

5. 不要把寶石寫成垃圾

　　比如，你明明籌劃了數百人響應的精彩活動，成功為公司締造兩倍的業績，但履歷上卻只軟弱無力的寫上「完成主管交辦事項」，那不是太可惜了嗎？

6. 太過安全的履歷也是有問題的，因為過目即忘

　　必須讓人看到你的特色與亮點，讓人看到你與眾不同的獨特性。有時脫穎而出，也是需要一點跳脫框架的小小冒險的。

7. 善用「條列式」寫法

　　寫各項經歷、專案、事蹟與技能時，不要像寫作文一樣長篇大論，盡量使用「一目了然」的條列式寫法，讓忙碌的用人主管能在最短的時間內了解你。

8. 強調「目標應徵職務最注重的能力和特質」

那些人資主管們一眼掃過所迫切尋找的「職務能力關鍵字」你放進履歷了嗎？舉例來說，如果所應徵的職務是「社群小編」，那麼你的履歷中就最好能強調到你經營社群的經驗和成果、對網路生態的洞察力、行銷文案撰寫的能力、社群經營成效追蹤與相關數據分析的能力等企業正在尋找的職能重點。

9. 寫履歷時謙虛的美德最好先擺到一邊

你只有數秒鐘的時間證明自己，必須抓住機會。不要妄自菲薄，把自己最棒的優勢全寫出來，你的好你不說就永遠不會有人知道。

10. 應徵真正渴望獲得的工作，履歷最好要客製化

了解該企業文化背景、市場環境、未來發展、優勢與最煩惱的問題等，再圍繞著去寫。讓企業感覺到你的用心，更確信你就是那個能為公司解決問題、創造價值的人。

絕對要避免致命的錯誤

1. 錯字與標點符號錯誤

　　這是最基本的錯誤，也非常致命。因為只要來回檢查幾遍便可以完全避免，所以出現這種低級錯誤時，容易讓企業認為求職者不夠用心、缺乏基本語言溝通能力或者粗心大意、毫不可靠。所以撰寫履歷時最好能加倍小心。

2. 語句不通順或難以閱讀、理解

　　用人主管通常只有數秒到一分鐘的時間來決定一份履歷的去留，你覺得他們會有空去琢磨一段毫無章法的敘述或猜測一篇風花雪月的小短文嗎？建議履歷寄出前最好能自己從頭到尾的朗讀數遍，其實寫履歷不必有過人的文采，只要基本的通順、溝通無礙即可。

3. 排版混亂而沒有邏輯、章法

　　如果你的履歷讓人連讀都不願意讀的話，又怎麼能獲得

機會呢？善用類似本文開頭所述的履歷資訊標題分類，同時盡量使用條列式寫法清楚地將各項經歷與說明羅列出來吧！

4. 冗長而無重點

長篇大論、無聊、一無所長也是履歷的致命傷。如果你的履歷讓人看不出「個人能力」與「目標應徵職務」的關聯性，那麼企業當然也就沒有理由僱用你啦！

5. 欺騙或誇大不實的資訊

「聰明的包裝自己」指的是包裝「事實」，而非蓄意的欺騙、誇大。畢竟一個人有多少內涵和本事是掩飾不了的，瞞得了一時瞞不了一世，謊言被拆穿的時候輕則丟了臉面、失去機會與努力經營的一切，重則信譽掃地甚至吃上官司，得不償失啊！

6. 洩漏前公司機密

不論是公司的內部資訊數據、想法、會議內容還是運作模式等，只要是「未公開」的資訊，通常都是不能外洩的，就算是你在職期間的個人產出也一樣是公司資產的一部分，基於法律規範與職業道德，若沒得到允許便不該私自對外洩

露。不論是有意還是無意間洩漏前公司機密，都會讓人對你的正直與謹慎產生懷疑，很少企業會願意僱用這樣令人無法信賴的人。

7. 在人力銀行所填寫的履歷許久未更新

「履歷更新日期」是很容易被求職者忽略，而企業們卻又時常喜歡參考的一點。許多求職者填完人力銀行履歷後，便不會再多作修改、更新，就算是工作了一陣子後又再回到人力銀行尋求轉職，也還是使用數年前的舊履歷。而企業端卻會以求職者「履歷更新的時間」作為重要判斷依據，以避開忘記關閉履歷或找工作動機不強的求職者，找到近期內真正有求職需求的人。因此，利用人力銀行找工作時，千萬別忘了同時「更新履歷」喔！

為什麼我投的履歷都石沉大海

到底為什麼企業就是不回覆我的履歷呢？

【投履歷沒有回應，有以下幾種原因】

1. 該企業職缺很搶手，收到的履歷很多還在消化中

至於究竟要等多久呢？若你的履歷自傳資料符合企業要求，也是他們感興趣的人才，一般來說履歷寄出後 1～2 週便會收到面試通知了！

2. 看到履歷了，但你的履歷表並未成功的引起他們的興趣

公司看到了，只是履歷並沒有通過初步審核，而該公司人資單位又剛好太忙沒有時間一一回覆未進入面試階段的應徵者，或者不好意思婉拒，所以只好直接以「不回應」取代拒絕。

3. 你的履歷在企業使用email預覽職缺時，便被篩選掉了

　　各人力銀行會員後台通常都可以看到企業是否已讀取你的履歷，有的人會發現自己應徵的履歷一直呈現未讀狀態，而該企業卻仍在持續活躍徵才。這種現象最有可能的情況是，企業使用email預覽職缺，初步篩選後覺得不適合，就沒有再進入人力銀行系統去細看履歷了，這時候履歷狀態就會一直顯示未讀。

　　至於「為什麼企業都不回應我的履歷，卻還是一直持續徵才呢？」，雖然答案很殘忍，但最有可能的原因是：企業確實還在找人，但你剛好不是他們需要的人（這並不一定是你不夠好，很可能只是不適合罷了），所以他必須持續積極的尋找。

　　其實「公司從開放職缺到找到真正適合的工作夥伴」，所要花費的時間比我們想像的還要長很多，「平均是半年至一年」。因為錄取不適合的員工對企業來講是很勞民傷財的，既要負擔各項雇主責任，還不能隨意開除員工，就算想資遣員工都還要付出高額的資遣費，所以求才時便會格外的小心謹慎。若要媒合成功，求職者必須工作能力突出或至少能夠勝任、性格能相處且符合企業文化、誠信正直、有責任感，而且還要剛好喜歡這間公司、滿意公司的各項工作條

件，沒有其他更好的選擇，也願意留下來才行。「企業通知錄取後，報到日當天卻被求職者放鴿子」，這種事情也是常有的事。

4. 企業已經找到人了，卻忘記關閉職缺

的確有可能有這樣的情況，不過在各人力銀行上刊登工作，大多都是需要付費的，所以比較少有那種「花大錢刊登一些無效職缺刷存在感」的情況出現，就算一時沒有關閉，之後通常也很快就會被輔導下架了。

5. 企業確實因為某種特殊原因而沒有收到你的履歷：

這也是有可能的，只是現在各種求職求才平台的機制都很成熟、完整，所以發生這種事情的機率很低，也非常少見。如果真的很擔心又很想進入某家企業工作的話，也可以針對能找到的所有企業聯絡方式和管道，通通都寄一次履歷自傳資料過去給他們。

投履歷沒有回應時的 7 個自救方法

　　據統計，「應徵得不到回應」、「投履歷石沉大海」，是求職者們心目中排名第一名的困擾問題！履歷寄出後，無止境的漫長等待往往令人崩潰。應徵工作一直沒有回音時，到底該怎麼辦？以下為大家整理超實用詳解！

【投履歷沒有回應時，可以這麼做！】

1. 主動寄信或打電話給公司詢問

　　記得一定要有禮貌、展現積極，不要有在質問對方的感覺，在談話中也可以盡量表現出誠懇與專業的態度，建立好感。積極主動的人，通常都比較有機會能夠打動用人主管們。就算最後還是沒有獲得面試機會，至少也能知道企業對你的想法，帶回來馬上調整優化自己的求職資料，然後自信爆表的重新再出發！

2. 自己檢查履歷自傳基本錯誤，你犯了嗎？

　　自己檢察一下，那些很基本卻殺傷力巨大的錯誤你犯了嗎？

履歷自傳自我檢查項目參考：

① 錯字、標點符號錯誤。

② 排版混亂難閱讀。

③ 自己朗讀一遍，「文句不通順」、「讀不懂」都不行！

④ 講太多自己的缺點，卻很少強調優勢。

⑤ 沒有照片或照片看起來不「陽光、正派、專業」。這聽起來很搞笑，但卻又很真實。真的很多人都是這樣被一眼刷掉的！別的國家或許不需要放照片，但以臺灣目前的職場文化來說，還是很重視個人照的。花一點精力，好好為自己拍一張大加分的「專業照」吧！

⑥ 工作經歷空白：就算是剛畢業的社會新鮮人，也一定要把所有最驕傲的在學經歷、事蹟通通寫進去！如：打工、實習、競賽、作品、專案、畢業專題等。不然在預覽履歷時，大家的經歷都超豐富，只有你空白，當然一秒就被刷掉了啊！

3. 深度檢視自己的履歷自傳，展現出你最好的一面了嗎？能吸引企業嗎？

　　以下調整方向可以參考：

① 履歷跟自傳都盡量精簡，最好不要超過一頁　（最多兩

頁）。

② 履歷中每項工作經歷，最好都能在下方條列3～4點說明，寫出最驕傲的成績。

③ 敘述各項經歷都要盡量數據化展現能力、實績，或「說一個好故事」！

④ 你「和別人最不同的亮點」都有強調出來了嗎？

⑤ 不要謙虛，「不要把明明很厲害的事蹟，寫得像是在打雜」。

⑥ 盡量「不要講缺點，強調優點就好」。就算講缺點，也要強調自己是怎麼克服缺點、扭轉境況的。

⑦ 針對目標職務的工作要求「客製化履歷自傳」，在裡面盡可能的大大強調跟該職務所需要的能力相關的個人亮點，強調企業正在尋找的「職能關鍵字」！就算沒有直接相關的經歷，也可以盡量去「找關聯」，想想自己的能力、經歷，有什麼是該目標工作很需要的？

4. 看看所應徵的職務，是不是你能夠勝任的

應徵的工作適合你嗎？還有沒有其他更能讓你發揮所長的職務呢？你的履歷表能讓企業看出你有做這份工作的潛力嗎？還是看起來毫不相關呢？

5. 不要空等，持續應徵其他職缺

不要太執著，也不要投完履歷後就一直浪費時間的灰心空等，利用這段時間繼續廣投履歷多應徵，就會大大增加自己的機會和選擇。出路那麼多，說不定還有其他更適合你的工作也不一定呢！據調查，社會新鮮人平均投遞100封履歷，才會有大約7個面試機會，有很多人甚至是投了近兩百封履歷、面試了十幾次，才找到真正熱愛的工作的呢！所以不用感到挫敗，就繼續勇往直前吧！

6. 多利用【免費履歷健診&諮詢】相關資源

各大人力銀行、就業機關團體其實都有提供許多服務性質的免費履歷諮詢服務，可以把握資源，多加利用。有時候自己看了數十遍也看不出盲點來，不如讓專家來幫你看看履歷究竟出了什麼問題，可以怎麼調整會更好。

比如104人力銀行「104工作快找App」上的線上免費公益履歷健診資源，邀請了各行各業很多厲害的熱血職場前輩，來幫年輕人看履歷、提供實用而寶貴的職涯建議與協助，便是很棒的求職資源。

如果有其他更深度諮詢的需求，也可以考慮付費尋求專業求職顧問的協助。

7. 針對目標應徵職務，有計畫的持續增進專業能力，同時累積作品實績

不要說「我沒做過怎麼會有作品、實績」，沒做過就放膽去做呀！現在免費工具資源、網站平台、線上知識、專業社群很多，立馬先做一個作品出來。

如果「想成為攝影師」就利用空閒時間多拍、多練習、自己找資料或上課、加入相關交流社群、研究攝影專業知識和技術、培養攝影人的心智和眼睛、累積作品、自己利用免費平台註冊個人網站，把攝影作品通通完美的陳列上去等。

如果「想成為社群經理人」，就自己花時間摸索各大社群平台、開一個自己的粉專、社團、頻道，然後用心經營，好好摸索相關知識技術，了解社群經營、顧客關係、行銷數據解讀和廣告投放等。

總之，做就對了！沒有一段努力是毫無意義的，這些用心都會為你累積實力，成為你「找工作時最好的作品和證明」！什麼時候開始都不嫌晚喔！

Step 5.

讓一篇好「自傳」，
為你爭取到理想工作

自傳說對好故事，你會成為企業
競相爭取的搶手貨！

企業看完履歷後的下一步通常就是閱讀自傳了，好不容易透過精心設計的履歷爭取到企業繼續閱讀的好感，千萬別在自傳這關功虧一簣。履歷的重點在於利用一目了然的條列式精要呈現「一切能讓用人主管渴望更深入了解你的個人資訊、經歷事蹟與特殊專長」，而「自傳」則要進一步向企業「說一個好故事」！

　　繼續閱讀自傳的企業不外乎便是想要多認識你一些，而自傳就是那封一決勝負的關鍵情書。別忘了字句斟酌的利用短短一頁文字，向心儀企業傳遞一個明確的訊息：「嘿！我的能力、專長正是你在尋找的，還有精彩的相關經驗成果佐證呢！而且我們的理念、特質和目標都很合耶！不找我來面試肯定會錯過一個好人才喔！」

自傳必須注意的重點 ➤ 不懂別怪企業已讀不回

1. 企業非學校，要的是即戰力或可造之材

　　雖說事情無絕對，但從大部分的例子看來，只告訴企業自己會「吃苦耐勞、認真學習」卻沒有辦法明確說明自身長處與經驗事蹟的自傳，除非所應徵職務真的是只需要吃苦耐勞的純體力活兒，否則大都不會受到企業的青睞。很現實的是，大部分企業因為成本與獲利考量，都迫切渴望即戰力，即便是歡迎沒經驗社會新鮮人應徵的公司，也必須在自傳履歷中看出與「求職者實力」相關的蛛絲馬跡，才能確定你真的就是那位能夠透過訓練為公司帶來可預期價值的「可造之材」，以免內部勞民傷財。因此，告訴企業你能為他們帶來什麼、他們可以期待什麼，並提出證據，在自傳中便格外重要。

2. 你是自信搶手貨，別把自己塑造成可憐蟲

　　沒有公司會想要僱用可憐蟲，但他們會捧著鈔票追求搶手貨。求職自傳撰寫絕對要做到「不卑不亢」！過猶不及，希望爭取這份工作，不代表必須拋下自尊的去哀求或搬出所

有讓人同情的可憐事蹟。要說求職就是一場「心理戰」也不爲過，扮可憐是無法幫助你獲得好的工作機會的。企業通常都只會爭搶著高薪禮聘「有自信的真正人才」，除非是做公益，否則沒有人會爭著要僱用可憐蟲的，因爲聘請運氣很差或對企業沒有實質幫助的員工簡直就像是把衰神帶入公司，或每個月定期把一筆錢丟進水裡一樣。就算用人主管眞的一時惻隱心起，「施捨」一份工作給你，也絕對會盡量將薪水待遇壓到最低，畢竟「給你一份工作本身」就已經是一種恩賜了。這就是就業市場的供需法則，當你渴望一份工作勝過「企業渴望你這位人才」，你便瞬間喪失了議價的權力，從此只能被動接受。

3. 聰明彰顯優勢，不過分謙虛也不暴露缺點

不暴露缺點，已是自傳撰寫的基本常識了。然而更常見的問題是：求職者的「過分老實」。比如身爲主管助理明明完成了許多了不起的專案，履歷自傳中卻總是只寫「完成主管交辦事項」。除非你的夢想就是一輩子不要任何應得名利或待遇提升，只想永遠隱姓埋名的領取「穩定低薪」，否則就別再妄自菲薄了。你做的何只是「完成主管交辦事項」而已！有任何自豪的工作成果，就全都驕傲地寫出來吧！例

如：「從主管手中接下與A公司洽談合作的專案任務，並成功為公司創造XX價值」、「籌辦XX活動，將公司當月營業額提升至N倍」，或「為公司重新整頓帳務，將原本的XXX調整成條理分明的XXX，為公司帶來OOO」。這些其實也都算是主管交辦事項，但換個寫法，不是精彩多了嗎？

4. 沒有特色的自傳，跟白紙其實差不多

放棄那種看起來好像不錯，但其實「和所有人都一模一樣」的自傳內容吧！如果你的自傳和其他一百個應徵者都大同小異，又怎麼有辦法脫穎而出呢？想想什麼是你與眾不同的最大特色？有沒有什麼凸顯優勢又能令人激賞的事蹟、故事？然後用簡短而吸引人的幾句話，說一個好故事吧！畢竟，能夠打動人的自傳，就是好自傳啊！

5. 濃縮精簡，盡量不超過一頁A4

用人主管沒有太多的時間看履歷，自傳也是一樣。盡量用最精簡、豐富的「一頁」文字，吸引人邀請你前去面試。就好像一場只有短短18分鐘，卻高潮迭起TED演講一樣，把對獲得理想工作沒有幫助的累贅敘述通通刪除，只專注濃縮你「一切的精彩」。

6. 通順精鍊即可，無需過度舞文弄墨

雖說自傳通常會以短文的形式呈現，也較能看出求職者的文字溝通與組織能力。但求職畢竟不同於作文比賽或詩詞交流，除非是企業特別要求、應徵有此必要的特殊職務或有把握利用這種寫法大膽突顯自己、贏得企業青睞，否則自傳中的內容語句做到「流暢精鍊」即可，過度賣弄文采反而容易讓企業不知所措，完全看不出「與應徵此工作最相關的重點」。

7. 嚴格檢查標點符號與錯字

這是一個最微小卻也最令人扼腕的錯誤，雖說用這種小失誤來評價一位求職者實在讓人很想大呼冤枉，但出現這種能夠透過細心檢視簡單避免的錯誤，不僅讓企業懷疑你的基本溝通能力，也容易讓人對你的應徵誠意、做事的細心與用心程度產生很大的疑慮。

8. 切忌直接套用自傳模板複製貼上

撰寫時參考寫得好的自傳的確會有幫助，但只修改重點資訊的直接複製貼上卻是要不得的致命傷。畢竟人資們看過的履歷何其多，套用網路現成模板修修補補的自傳很容易就會被有經驗的人資一眼識破，別出心裁的將自己的優勢呈現到淋漓盡致才是最厲害的作法。

自傳的常見內容結構與撰寫祕訣

　　自傳其實並沒有強制規定的內容與格式順序，但把握以下幾項「企業最希望從自傳中了解的重點資訊」，再個人化的加以發揮、撰寫，準不會錯！

1. 背景與個人特質：是個有趣、穩定且能和團隊相處愉快的人嗎？

　　通常在這個部分，企業想知道的是：求職者的背景是不是基本安全、是否是個能夠花心力培養而不會沒兩天就離職的穩定人才、是不是一個有意思且好相處而不會讓公司烏煙瘴氣的人、個人特質是否適合這份工作等。

　　盡量用最能凸顯個人特色的事情或一句話開頭，讓人一開始就想要繼續看下去。介紹家庭背景時簡述重點，並用一、兩句話凸顯加分特色即可，過度詳盡的族譜報告與千篇一律的流水帳成長敘述最好能免則免。舉例來說，如果你應徵的是森林導覽員，就可以強調自己從小在山裡長大與動物植物為伍的相關成長過程；如果你應徵的是時尚雜誌編輯，就可以強調爸爸是藝術家、媽媽是記者，從小耳濡目染，

參與過哪些相關盛事、什麼人或作品影響你最深等的個人背景。當然，如果成長背景確實沒有相關的事情可說，也可以利用能讓人動容的個人事蹟小故事來吸引目光。例如：想應徵攝影記者，或許便可以談談自己從小就擅長用攝影記錄生活，還自己在家中舉辦家庭攝影展之類的有趣事蹟。當然，「只撰寫事實，切忌胡謅、瞎掰」是必須要秉持的原則，畢竟「誠信正直」可是大部分企業最重視的員工基本品格。況且故事的真實性有經驗的面試官一探便知，實在沒有欺騙的必要。

此外，也別忘了在此強調出目標應徵職務最需要的人格特質。比如：若你是個EQ與抗壓性極強、百折不撓、把挫折當作挑戰的人，應徵業務職位時便可以大方的強調出來，作為加分的一大性格優勢！

2. 學歷與專業能力：你的職能是否正是這份工作所需要的？

簡單介紹你的學歷背景，同時告訴企業你的專業能力有哪些。最好能夠點出用人主管正在尋找的「職能關鍵字」，務必要足夠能讓企業了解到：「你的能力恰恰正是這間公司與這份職務最迫切需要的」。好好閱讀目標應徵職務所開出

的「工作內容描述」與「能力要求」，然後在履歷自傳中大大地強調出自己最相關的專長。比如：應徵「網路行銷」職務，就可以強調自己擅長經營社群、撰寫文案、剪輯短片、設計EDM、觀察數據，也懂得操作廣告、SEO等的相關技能，而不是只虛弱的寫出一些像是：「我很有行銷頭腦且會好好學習……」之類不但與職務工作內容較無直接相關，也令企業無從判斷的空泛敘述。

3. 相關經歷與成就：真的有能力能夠為公司帶來貢獻嗎？

把那些最令你驕傲的事蹟全寫出來吧！經歷就是最好的實力證明。撰寫時最好能使用簡潔有力的句子，同時輔以相關數據或實際成績證明。例如：「負責東南亞地區國外業務的開發，並成功拿下公司當年度最大的訂單」或「舉辦萬人響應的社群活動，Facebook活動自然觸及破百萬人」，而不要只是寫「開發業務」、「舉辦抽獎活動」。

剛畢業沒有相關工作經驗的社會新鮮人，也千萬不要浪費了展現實力的大好機會！可以特別著墨在社團活動、學生組織、專題報告、論文、畢業製作、在學競賽、實習、打工、作品等相關的「在學經歷」上去撰寫。例如：「在A公

司實習期間，負責Facebook與Instagram社群經營，半年內使兩者的追蹤粉絲人數皆成長2.5倍」或「在B飲料店打工期間，細心洞察客戶需求並依其喜好推薦飲品，大幅提升了老客人回訪的比率，也因此獲得店長的特別表揚」。

4. **應徵動機、個人理念與目標願景：應徵者和公司的企業文化契合嗎？**

每間公司都有每間公司的企業文化，有時候他們對找到「同道中人」的執著會超乎你的想像。許多條件非常優秀的人，在被應徵企業婉拒後都會感到十分的不解和挫敗。然而，大部分的時候其實都並不是因為他們能力不足或者不夠優秀，只是「氣場不同」罷了！具體一點來說，性格專注、謹慎而條理分明的公司，或許就不太會招募自由不羈的不受控員工；而跳脫框架的熱血新創公司，也不會想要去尋覓墨守成規、思想封閉保守的員工。

除了個性、氣場之外，「動機和理念」也很重要。你為什麼想要進到這間公司工作？是哪一點吸引了你的目光？這家企業的理念是否是你能認同，且心甘情願為之效力的？這些問題不管是對你自己或者對公司來說，都無比重要。因為進到不能認同的公司會讓你非常痛苦，而錄取理念不合的員工則會拖累整個企業，使它無法在最佳狀態下全速前進。

　　比如：當一個步調緩慢、渴望在工作中尋找「社會意義」的員工，進入一間節奏飛快，因為規模小無法篩選客戶，而只能照單全收的幫所有上門企業做品牌的「公關廣告公司」，然後接到「為某家黑心企業挽回聲名」的緊急任務。你覺得他會傾盡全力的為黑心廠商力挽狂瀾嗎？如果盡力去做了，他會快樂嗎？如果不盡力去做，公司花錢聘請了他，難道不委屈嗎？再舉另一個更直接的例子：小明是一位經驗豐富的一流活動企劃，但他卻不是一個環保主義者，不僅對環境保護毫無概念、熱情，喜歡複雜的包裝、方便的免洗器皿，還非常享受過度消費所帶來的快感，這樣的他或許到其他公司都不成問題，但如果想進入綠色產業或環境保護組織工作，成功錄取的機率就微乎其微。

　　因此，在自傳的這個部分中，最重要的就是必須明確的告訴心儀企業：「嘿！我們的氣場很合欸！而且我們的理念和目標都是在同一條路上的呢！我有能力也非常樂意為公司創造價值，不如我們面試當面聊聊吧！」清楚的向企業展現熱情與合拍特質、強調動機與理念目標。最後別忘了用恰到好處的一兩個句子再次告訴企業「自己能為公司帶來的價值與未來」，然後不卑不亢的用「歡迎企業與你聯絡」之類的禮貌話語，做一個有力的結尾。

Step 6.

面試屢戰屢敗，竟然是因為你不懂這些事？

面試做好這些準備，成功抓牢九成把握！

相信一定有許多人都有這樣的困擾：明明各方面能力條件都符合職缺要求，甚至往往還高出水平不少，為何卻總是在面試過後便失去企業音訊，從此和理想工作失之交臂？原因就在於勞動契約一旦成立，勞資雙方就都必須為彼此負擔相應的責任與義務，因此企業在用人時自然會格外謹慎，綜合評估的考量因素眾多無比，絕不是「只要能力符合，就能順利錄取」這麼簡單。你能力很好，但一定還有比你更優秀的人，究竟要怎麼利用短短的面試，成功闖過求職最後一關，說服企業「你就是他們最需要的人」呢？

　　以下介紹幾個能夠大幅提高面試把握的努力與準備方向，供各位參考。

面試必做的事前功課與狀態調整

1. 事先了解應徵公司、工作內容與產品，也做好被企業搜尋調查的準備

　　了解企業狀態、掌握公司相關業務狀況、職務工作內容以及產品與服務資訊，是每個人面試前都應該要做的基本功課。透過細讀企業徵才頁面上的公司介紹與職缺描述，並上網搜尋相關資訊，便可以輕鬆的快速了解狀況。這麼做不僅可以讓自己在面試時更有自信、把握，不會一問三不知，也是對自己人身安全與職涯幸福負責任的表現。

　　詳讀企業介紹、職缺描述與公司產品及服務資訊，不僅可以在面試時根據自己對公司的了解回答出有深度的答案，還可以藉此對應個人能力、熱情、目標和理想，來確認進入這間公司、擔綱這項職務，是否能夠給你最好的發展空間、是否真的就是你所想要的幸福職涯。查詢公司評價與政府立案登記狀態，可以事先知道面試公司是否正派、安全且合法，也可以初步了解公司內部的情況與對待員工的態度。而了解產業大環境狀況，則可以知道工作的前景、企業目前所

面臨的情勢與未來的發展。

　　此外，也別忘了，在這個網路入侵生活的世代裡，只要是網路上公開的個人資訊就都不是祕密，人人可以輕易的探查得到！現今已經有愈來愈多人資、主管，會將求職者的社群軌跡視為觀察應徵者真實狀態的一大指標，千萬不要以為企業會沒空對你進行網路身家調查。在你調查企業的同時，企業也正在全面搜尋與你有關的一切資訊呢！求職時，最好能先全面檢視自己的所有網路與社群紀錄。畢竟，你一定不希望無辜的用人主管不過想了解一下未來員工，卻上網搜到「我被男友拋棄，行屍走肉的工作了兩個月，搞砸一堆事情」或「狂歡那天跟朋友喝到吐，內衣褲亂丟、口不擇言」之類年少輕狂的害羞事蹟吧？

2. 預想清楚自己所能為該公司創造的價值與最大優勢

　　這絕對是面試加分的關鍵要點。如果你能夠發現自己的亮點，知道這間公司為什麼需要你，而且還幾乎非你不可，然後在面試時盡可能地強調出自己的優勢，很少有企業會不另眼相看的。

　　初入社會的年輕人們尤其容易忽略這點，以為不用說話，有一天大家就會自己看到我的好。然而事實上卻是，

「喔，不，他們永遠看不到」！很多社會新鮮人在履歷診療與模擬面試的過程中，都會讓求職顧問們感到非常驚訝。因為看似履歷與面試表現都平凡無奇的求職者，經過深入的探詢與引導後，往往會說出許多有趣而令人驚豔的事蹟、特長。不禁大嘆，原來你有這麼多值得深談的亮點，為何你從來不懂得要包裝強調？年輕人們這才驚奇的發現，原來我其實很不錯，只是不知道要怎麼展現優勢罷了。

面試前，仔細想想自己有沒有什麼特質、專長、個人故事與經驗成果，是能夠大大呼應應徵職務的能力要求，或企業發展目標與困境的吧！比如：某間電商公司的產品、服務、行銷樣樣都強，唯獨在網路上難以被顧客所搜尋到，目前最欠缺的就是搜尋關鍵字優化人才，而你正巧就是這方面的專家。或者，某傳統產業公司的技術、專利無一不差，可是行銷包裝能力薄弱，廣告、文案毫無吸引力可言，而你剛好就是一流的行銷與內容經營高手。

3. 試想可能會被問到的問題並準備好答案，展現優勢而不自曝其短

預先試想所有可能會被問到的開放性問題，與可能會被考到的技術性專業。盡量先設想好應對的方式，最好能用故

事、證據與實績取代空泛的形容詞，然後抓緊時間複習、補足相關的專業領域技術和知識。

另外也別忘了，誠實展現優勢即可，切忌說謊。但也不要過度老實的暴露自己缺點。不論面試官如何友善親切，都不要輕易卸下防備把面試官當作隔壁鄰居那樣掏心掏肺。這裡有一個有趣的例子：

有位親切的面試官和求職者相談甚歡，以致對方完全卸下心防、忘記警戒。當面試官隨口問道：「請問您前一份工作的工時大概多長？」他便天真爛漫的開始大聊特聊，「大概到七點吧！但前輩說業務太常窩在公司裡不好，所以外面很多咖啡店裡發呆滑手機的，其實都是等下班的業務，哈哈哈哈！」除非這位應徵者過去的業績卓越無比，否則聽到這樣的話，哪還有公司敢用你啦！

4. 建立好感度高的第一印象，同時盡量創造「記憶點」

面試最大的好處就是可以當面與人資和用人主管直接對談，見面三分情，只要成功建立良好的第一印象，讓企業欣賞你、記住你，那麼錄取的機率就很大了！不遲到只是基本禮儀，服裝儀容方面也務必整齊乾淨，且能夠隱藏缺點、突顯優勢、建立迷人而不失專業的個人氣場，若能夠呼應企業

特質與文化更好。有位快樂的迷人空服員便曾經分享過，當初面試阿聯酋航空時，不僅妝髮細心修整，連指甲也擦上了阿聯酋航空的標誌性大紅色，考官當場便指著她的手讚許的說：「就是這種我們阿聯酋的紅色（Emirates Red）！」

　　除此之外，保持適當笑容、親切的眼神接觸、禮貌誠懇的態度與優雅從容的自信也非常重要。在面試官詢問時，再盡情展現的發表專業看法即可，盡量不要第一次見面時就擅自對應徵公司進行大肆的批判，以為這樣便能夠展現實力引起關注。因為通常這些內部問題企業長久以來早就已經瞭然於胸，甚至是你所提出的那些建議他們也早已嘗試過不下百種。外人因為不了解內部狀況就妄下斷語，只會讓面試官覺得求職者目中無人，只看到表象而提不出有建設性的深度見解和解法而已。聽不清楚問題時，可以禮貌的再次詢問請教，千萬不要自作聰明的瞎掰胡謅、答非所問。薪資福利相關的問題是大家都迫切想知道的，但最好能等到「企業自行提起」，如果到了求職最後階段企業都還沒有主動討論的話，再婉轉有禮的提出請教即可。

　　最後，盡可能地展現亮點，最好能讓人面試過後就從此記住你！

　　企業招募時常會出現這樣有趣又殘酷的現象：在面試了一輪之後，到場聆聽面試的主管與部門同仁們開始討論表

決，選出有潛力的求職者以進行第二階段評估，然而總是有一些人大家可以異口同聲的指出「她就是那個會跳街舞的人」、「他就是那個跟我們理念超合的陽光大男孩」、「她非常優雅、有禮貌，且某某方面能力很強」，而有一些人則一致的讓人毫無印象，面談了將近20分鐘竟然離奇的毫無記憶點！

當然，這樣「基本安全卻平凡到容易讓人遺忘的求職者」，便很難被企業當作可能的潛力未來員工，慎重列入考慮。

5. 利用面試觀察企業，也觀察主管

面試是雙向的，企業在評估你，你也別忘了謹慎評估企業。自己要清楚自己的求職目標，把握難得的面試機會仔細觀察！這間企業重視人才的培育與發展嗎？這個工作崗位是我能一展長才的地方嗎？工作的環境與氣氛如何？直屬主管是個怎麼樣的人呢？也可以藉此和資深同事與未來主管深入的聊一聊，因為他們現在的狀態，很有可能便會是你未來大致的樣子。這樣的職涯人生，是你所期待的嗎？

有位才華洋溢的資料科學專業主管，轉職至一間客戶行為資料量龐大的公司後，如魚得水的過得非常開心。談及為

何離開原本自豪的工作選擇現在這間企業的原因時，他自信
地表示，最高的浪頭都站上去過了，他沒有什麼眷戀，而目
前這間企業待開發利用的巨大數據資料寶庫，卻正是他可以
盡情發揮所長、挑戰職涯下一段高峰的最棒舞台。他了解自
己，也觀察企業，主動掌握自己職涯的主導權，也因而能夠
快樂的邁向人生精彩的下一個里程碑。

與104人力銀行同事一起前進校園，為年輕人提供免費公益履歷健診服務。

面試實戰常見難題應對祕訣

1.「可以請您介紹一下自己嗎？」

千萬不要說「不要啦！好尷尬喔！」或開始鉅細靡遺的細數族譜與個人成長史。企業問這個問題並非是想要刁難你，只是想更深入的了解你罷了。而他們真正想知道的其實是：「你的專業能力是否真的能夠勝任此工作？」「你的人格特質是否正是我們在尋找的？」「你能為公司帶來多少價值與未來呢？」只要緊扣著這些關鍵去回答，就能把這個問題當作機會，利用自我介紹的時間成功展現優勢、贏得企業青睞。

2.「請問您的優缺點是什麼？」

光是這個問題，企業就可以輕易地看出求職者的自信程度與能耐了。自己一定要能夠了解自己最大的優勢與不足，並且事先想好應對的答案，才不會因為一時緊張而亂了陣腳。說「我也不知道」，容易顯得自信匱乏，企業甚至還會懷疑你是不是能力平庸到連自己都說不出個長處來。而只回答優點卻說「我沒有缺點」的人，則會讓人難以信服，而

因此覺得求職者應答輕浮草率、過度樂觀，或不懂得自我反省、難以有所成長。所以，「自信說明優點，婉轉而誠實地道出不足之處，並且告訴企業你已經透過哪些實際努力的積極作為彌補自身缺點」，才是比較好的回答方式。

3.「如果一直達不到工作目標時，你會怎麼辦？」

回答「我會繼續努力加油」或「我會去問主管該怎麼辦」都只會讓人更加確信，「你不會是一位能力突出的優秀人才」。因為真正積極而有能力的員工，絕不會只是繼續埋頭苦幹的在方向錯誤的努力中無限打轉，或直接把問題丟給主管，而不能成為老闆能夠倚仗的左右手，主動提出可行的解決方法。比較可以參考的回答方式是，告訴面試官：「我會花更多的時間，去觀察現象、尋找有效方法、充實精進自己，並抱持著積極樂觀的嘗試勇氣，百折不撓！」

4.「您可以接受加班嗎？對加班有什麼看法？」

遇到這種陷阱題時，你正好可以藉機觀察，看看這間企業是不是會有常態性的嚴重超時加班狀況，還是只是想要探詢一下員工的想法，或看看員工是否能夠在遇到少數特殊情況時，與公司並肩作戰，在合法且合理範圍內短期配合加班

而已。

　　建議透過與企業的對談，盡量了解公司狀況，同時慎重思考，這樣的工作環境是否是你所期待的。回答時則可以微笑的告訴面試官：「我很樂意在必要的時候合理的配合加班，和公司站在同一陣線上打拼作戰，但也會盡量提高工作效率，盡可能在上班時間內完成工作！」

5.「請問您離開上一份工作的原因是什麼？」

　　回答這題時務必要格外謹慎，因為回答「工作太辛苦」面試官就會擔心你吃不了苦，只是想來我們公司打混養老；回答「老闆和同事太難相處」，面試官又會懷疑你抗壓性低、EQ不高、無法處理好人際問題。這種時候，不論你把前公司批評得多糟，都不能合理解釋你離職的原因，或為自己額外加分。你表現得愈憤怒、失控，新公司便愈覺得你危險、可悲。

　　所以這種時候，一定要盡可能冷靜的保持最大的風度，「用積極正面的原因取代崩潰負面的抱怨」。

　　如果前公司薪水太低、升遷不公，前途茫茫，你可以說：「我為前公司締造了××××的佳績，已無眷戀。現在想要爭取機會，挑戰不同可能、創造事業上的另一個高峰，

也希望能夠為自己找到更好的職涯發展舞台。」

　　如果你總是在做不感興趣且重複性高的無趣工作、每天都像行屍走肉，則可以說：「經過這段時間的經歷，我更加了解自己，也確立了自己的職涯目標，所以決定離開原本的工作，追隨我的專業和理想。現在的我，可以非常肯定目前所應徵的這個職務與工作，就是我決心用所有的精力長期投入的最大熱情所在！」

6.「為什麼想來我們公司工作呢？對公司的了解是什麼？」

　　注意！會問這題，表示企業想知道，你對我們公司是不是有用過心、是不是有愛的。他們正在尋找的，是真正有熱情、有想法，且理念契合的人！所以千萬不要回答「不好意思，我不太清楚」。一定要在面試前做好事前功課，對應徵公司有初步的了解，然後帶著笑容與熱情自信，從容應答。如果能夠點出應徵公司自己最引以為傲的成績，或最讓你激賞的理念、產品、活動或相關業務，然後友善禮貌的順道分享自身經驗與想法，一定會讓企業對你刮目相看！

7. 「如果您錄取了，您會怎麼達成目標？請您在第二階段面試中做提案簡報。」

　　聽到這題時，可以先在心裡替自己大聲歡呼一番。因為除非是只想壓榨求職者智慧財產的無良企業，否則大部分的公司會提出這樣的問題，甚至願意另外再花更多時間了解求職者的能耐和想法，表示你已經成功進入到公司審慎考慮的最後候選名單中了！

　　因此，這題將會非常關鍵！幾乎就決定了你是否能夠順利錄取。企業請你提案的題目，很有可能就是你進到公司後的工作任務，甚至是企業目前最傷腦筋的關鍵難題。如果你可以提出有建設性的驚艷解法，你就會是那個能夠成為企業「及時雨」的關鍵人才！不僅錄取有望，薪資福利的談判空間也會變得很大，因為企業絕對會希望用最高規格的待遇，爭取留下你。

8. 「還有什麼問題想問我的嗎？」

　　面對面試最後這種令人措手不及的問題時，別忘了格局一定要大！「中午休息幾個小時呢？」「有沒有加班費呀？」這種問題，就算再想知道也最好別選在這個時候問。別忘了面試就是一場攻防戰，最聰明的方法是好好把握這

題，先把「成爲企業心目中不可多得的人才」當作現階段的最大目標。成功讓企業渴望得到你這個人才之後，他們自然會在正式發送錄取通知之前，積極的主動提起薪資與福利的事情，並期望能用優渥的待遇讓你心甘情願留下來，到時再來討論一點也不遲。

　　提問時記得不要問出一些自己上網搜尋，就可以輕易得知的事，否則容易被誤認爲不夠用心，企業甚至還有可能因此對你的求職誠意和工作態度心生疑慮。像是「請問這份工作是在做什麼的呀？」或「公司有沒有提供教育訓練呢？」這類的問題，就盡量少問。也不要說出「我沒有問題想問耶！謝謝。」這種讓人感覺消極的答案。而「工作相關的深度問題」則可以多多益善的提出，同時盡量展現積極、熱情的態度，讓企業留下難忘的好印象。

　　以下提供幾個可以參考的提問。

(1) 深入詢問應徵工作的詳細業務內容、目標與責任職掌

　　這會讓企業感覺「你應徵時就已經很愼重地在看待這份工作了」，也比較會相對地開始對你認眞，並且相信你會是一個目標導向，且對自己工作有責任感的員工。

(2) 「請問在貴公司可以有什麼樣的個人職涯發展未來？」

　　提出這個問題可以展現積極的一面，向企業暗示你不是「只求一份工作餬口」的那種員工，而是企業可以信賴的長期夥伴。公司會拋開居高臨下的「挑選人手」態度，開始用「尋找長遠戰友」的平等高度去看你，覺得你或許真的會是一位有目標、有想法的員工，也比較願意相信如果能夠給你一個可努力、可期待的職涯未來，就能成功留下一名穩定而有衝勁的難得人才。

(3) 「請問您對這個職務的員工有什麼期許？」

　　透過這種開門見山式的問題與企業展開來回對話，可以更直接的了解彼此。你會知道公司的期待是什麼、真正渴望的是哪一種人才，別忘了藉此溝通機會，更進一步的讓企業了解到，「你恰恰正是他們在尋找的人」！

(4) 「有什麼您正在尋找的特質與能力，是在我身上沒看到的嗎？」

　　這種讓人心臟病發的問題，將會是挑戰，也是機會。如果公司思考後覺得你確實是不可多得、樣樣不差，那麼他們會對你的自信印象深刻，甚至當場就錄取你也不無可能。如果公司真的說出了一些對你的疑慮，也正好可以把握這個企

業坦承相告的難得機會，向公司進一步說明以解除對方疑慮，爭取更多機會。就算最後還是未能錄取，你也能從這樣的提問過程中學到非常多，知道自己的不足在哪兒，並對症下藥的去加倍努力充實自己。

9. 被問到不懂的問題時，怎麼辦？

如果確實對被問到的問題「毫無頭緒」的話，硬是瞎掰只會讓彼此都感覺彆扭，遇到真正專業的主管時甚至還會被對方一眼識破，認為你不夠誠懇、虛張聲勢，而因此對你的印象分數大打折扣。所以，建議可以直截了當的坦承不足，不說大話，並同時自信的向企業強調出自己有把握的其他相關專業優勢！

面試服裝：面試怎麼穿最能展現優勢

「請問面試有規定服裝嗎？」

「面試當天該怎麼穿會比較好？」

　　許多人在面試前都有這樣的疑問，尤其是剛出社會的畢業新鮮人。

　　建議盡量不要傻傻的直接寄信詢問面試公司，因為這樣的表現只會讓企業噗哧一笑而已！ 這是真的！已經看過身邊好多面試新人的前輩，在收到面試穿著詢問信之後笑得花枝亂顫了！因為「真的有特殊規定」的企業，會在發送面試邀約通知時就事先告知求職者面試當天的服儀規定。而沒有特別說明的企業，就表示他們「確實沒有特別規定」，但也期待你「本來就應該知道怎麼穿才大方得體」。

　　雖然以貌取人是不好的，但不得不說，當今社會還是「先敬羅衣後敬人」的情況比較多，很多時候只是第一印象不好，就失去了許多的機會。所以去面試時不妨還是好好打理自己，為自己爭取更寬廣的道路和選擇吧！

　　以下整理了詳盡的面試穿搭守則與建議，給大家參考。

1. 面試服裝／儀容：5大基本原則

(1) 頭髮整潔：不油膩、不蓬亂。

(2) 女生可以化一點淡妝，男生可以把鬍子、鼻毛都修剪乾淨、整齊一些。

(3) 指甲不要藏汙納垢，如果有較重的體味也可以稍微處理一下。

(4) 服裝盡量選擇較為正式的款式：如：襯衫、西裝褲、窄裙、絲質、西裝材質、較硬挺的材質、有領子的款式、皮鞋、中低跟的高跟鞋、牛津鞋、紳士鞋、包鞋等。

(5) 注意穿著盡量不要太過暴露，會比較安全。

【適合全套套裝的產業與工作】
　　如：金融業、公部門、日商、保險業、較傳統的公司、業務、律師、會計師等。

【適合「正式休閒風」Smart Casual穿著的產業與工作】
　　如：媒體公關業、廣告／創意產業、藝術文化產業、新創公司、旅遊休閒業、西方國家外商、企業文化較年輕／開放／親切的公司等。

2. 進階撇步：配合企業文化做穿搭，爭取第一印象好感加分

曾經聽過許多關於面試服裝的有趣故事分享

　　有一位阿聯酋航空的空姐說，她在面試時特意用心的擦了阿聯酋航空招牌的鮮紅色指甲油，而當天剛巧就有一位面試者問了關於空服員指甲油規定的問題，面試官立刻高興的指著她的手說，「就是這種Emirates red！（就是這種阿聯酋航空代表的紅色）」。可以想見，當時她肯定成功的在面試官心理留下很了不錯的第一印象，再加上本身扎實的實力，之後也很順利的錄取了！

　　還有一位朋友，當年面試年輕新創公司時，很乖的穿了全套的黑色套裝，當天相談甚歡，也成功錄取了。進到公司跟大家混熟之後，當年的面試主管有一天閒聊時，才大笑著跟他說，「那時候看你穿整身黑色套裝，嚇一跳！還以為你是很嚴肅、古板的人，可能是要去應徵銀行或公務員之類的。要不是後來面試聊天發現你是很有能力、想法，也很有趣的人，我們差一點就要錯過你了！」。

　　由此可見，面試服裝儀容的影響力，真的還是很大的啊！如果可以「在面試前多了解該企業文化，然後根據企業屬性去做面試穿著的選擇」，就有機會為自己大大加分喔！

3. 套裝以外的面試服裝選擇

Smart Casual 好感系穿著正夯！

【正式休閒風Smart Casual是什麼？】

　　記得在英國實習時，有一次要和老闆去拜訪客戶，前一天老闆特別語重心長的跟我說：「妳平常穿得都比較運動風，明天一定要記得，穿著上『Smart Casual』是最適合的。因為穿太休閒不夠專業得體，而穿太正式又會產生距離感，也顯得很像正襟危坐的菜鳥推銷員。『Smart Casual』最能優雅的拉進彼此的距離，在商場上營造一種很吸引人的舒服氣氛！」我雖然大概知道他的意思，鎮定的連連點頭稱是，但內心還是滿滿問號，到底要穿怎樣才算得上是「Smart」又「Casual」呢？

　　其實Smart Casual 正式休閒風，就是一種自由混搭的半正式型穿著，「在不失專業感的前提下，創造一種讓人覺得舒服、自在的好感和氛圍」。只要懂得挑選真正適合自己的顏色、剪裁、配件和搭配，就能呈現出自己最美好的樣子。

【面試服裝的顏色】

　　比如皮膚黝黑的人，穿著像正黃色、亮橘色之類飽和鮮明的顏色，就能讓整個人像陽光一樣明亮起來，穿著大地色

也很適合，能給人一種沉穩、優雅的感覺。而皮膚白的人就挺適合冷色系的顏色，或者粉嫩色系的鵝黃色、粉紅、粉橘色等，都特別能襯托出膚色白皙的美感。

【面試服裝的款式】

比如較豐腴或脖子偏短的人，可以選擇露出頸部與鎖骨的上身服裝；下身比較寬的人，可以選擇A字裙、較正式款的寬褲之類的修飾型下半身服裝；想拉長腿部線條，可以把衣服紮進褲子／裙子裡，或選擇比較高腰的下半身穿著；身型較單薄的人，可以選擇有一點點墊肩的西裝外套等。

Step 7.

薪資待遇怎麼談？
有談沒談差一倍！

薪水都是談出來的！
「依公司規定」當然永遠「依規定低薪」！

職場面試中有一個奇妙的現象，只要一談到「請問您的期望薪資是多少呢？」，空氣就會瞬間凝結。大部分的求職者都會一時支支吾吾的說不出個所以然來，不然就是怯生生、老實地表示「依公司規定」即可。

　　問題是，公司並沒有「規定」一定要給求職者一個合理的薪水呀！公司有的只有一個原則，「盡可能地節省成本，創造獲利」。因此，除非是遇到慈善企業，否則大部分的時候「依公司規定」便只能爭取到「依企業期望的」低成本薪水。這等於是還沒交手，就直接棄械投降，放棄自己的談判空間，把全部的決定權都交給企業。

　　所以，不要再逃避「合理的薪資協商」了，我們其實都渴望能擁有更好的待遇和生活不是嗎？

薪資談判桌上的真實情況

1. 薪水都是談出來的，有談沒談，薪水差一倍？

　　事實上，許多眞實案例都一再地證明，條件水平相當的兩個人，有談薪水跟沒談薪水，最後所獲得的薪資是可以相差到將近一倍以上的！就算你是剛畢業的社會新鮮人，或雖有工作經驗但能力並非業界頂尖的人，也一樣都有屬於自己的價值與薪資待遇協商的權利。不要抱持著「先進到公司再慢慢熬出頭」的被動心態勉強接受不合理的薪水，因爲企業「萬年不加薪」的常態眞的不只是傳說，公司既然可以花兩萬五請到你，爲什麼要自己舉手說要花三萬呢？

　　與其心有不甘的在埋怨中度過接下來的日子，不如一開始就主動爭取，爲自己而勇敢吧！把公司當作合作夥伴，而不是施捨你一份工作的雇主，你需要薪水，企業也同樣需要你來爲它創造價值，你們是完全對等的，面試時請務必拿出滿滿的自信與不失禮貌優雅的平等姿態。

2. 企業開出的薪水都是有彈性的，而且議價的空間還頗大

　　大部分公司所開出的薪水其實都不是死的，而是有一定的彈性範圍可以談的。儘管臺灣薪資水平總是讓勞工們叫苦連天，但其實許多本土中小企業的薪水都是很敢給的，只是大部分求職者因為不懂「薪資談判的藝術」，所以都不得其門而入罷了。雖然臺灣外商企業的平均薪資較高，但因為是外資，所以大部分還是都會受限於一個統一規定的範圍與上限。而相較於外商公司，本土中小企業反而通常比較有「直接決定權」與「極大的彈性」，一個職務可以接受的薪資範圍往往非常廣，從極低到大大超越高標水平都是有可能的，只要你有辦法說服企業、讓他們看到你可預期的價值！

　　舉幾個有趣的例子來說：曾看過某位可愛的中小企業老闆，因為刊登月薪三萬的薪水遲遲找不到人，時間一久，只好摸摸鼻子一口氣調整成四萬，後來甚至表示可以接受到五萬。剛出社會時，也曾面試過一個職缺寫明月薪三萬五的工作，最後卻因為勇敢談薪且與老闆相談甚歡，而因此爭取到月薪五萬的offer。種種例子都顯示了「薪水確實是可以用『談』出來的」！

　　如果你只是一個各方面能力都普通到不能再普通、又只

會「依公司規定」而從不敢開口談薪水的求職者，企業基於成本考量自然會盡可能地壓低薪水以減少人事成本，導致你最後所獲得的薪水不僅不高，甚至還比你能力產值所應得的合理報酬還要更低。但如果你是個積極充實自己、對自己的能力有自信且具有「薪資談判智慧」的求職者，那麼你所能爭取到的薪水，絕對有辦法讓自己非常滿意，甚至超乎期待。

事實上，不論你的條件、能力如何，都有權利爭取一個「對勞資雙方來說，都公平合理的薪水」，只要敢談，就有機會！不過首先，你必須掌握方法，以下介紹幾個談薪水不可不知的實戰祕訣。

薪水談判實戰祕訣

1. 做足事前功課，掌握市場平均薪資行情狀況

如果你根本就完全不了解市場薪資行情狀況，那麼開口談薪水只會演變成一場災難。企業會覺得你只是毫無根據的在獅子大開口，而對你的印象分數大打折扣，或者敷衍笑笑的加個一兩千給你，但心裡卻覺得十分不以為然。

因此，有些資訊是你必須在面試之前就大致掌握的，比如：「這個職務的平均市場薪資行情是多少？」「這類工作在這個國家、這個縣市、這個產業的薪資水準是如何？」「以你的學經歷與年資，在這份工作上業界一般願意給出的價碼大概落在哪個區間？」等。

這些資訊看似難以觸及，其實全都明擺在公開的網路上與身邊的人脈網絡裡，唾手可得，早就不再是祕密！像是各大人力銀行的免費求職工具，如：104職務大百科、104薪資情報等，上面資訊之完備，會讓你大感意外。或者各大社群論壇、薪資揭露平台、部落格的分享，只要動動手指，上網用關鍵字一搜，便可以迅速掌握狀況，了解情勢。身邊的親朋好友與學長、學姊們也是探詢的一大管道，只要有禮貌的

請教，大部分的人都會很樂意跟你分享自己那一行的工作內容與大致待遇情況的。

　　掌握資訊後，便可以參考市場上的平均狀況思考自己的目標薪資範圍。如果對自己的條件、實力有自信，就可以以高於平均薪資行情的價碼作為談判目標；如果對自己較沒有信心，想要趕快先開始工作取得更多經驗的話，也可以以等於或稍低於平均水準的薪資作為協商目標。

2. 評估自己的市場身價，開出合理薪資而不是漫天喊價

　　了解業界薪資水準後，下一步就是衡量自己的市場身價了。從個人特質、專長能力、學經歷、事蹟、潛力和所有最能讓你脫穎而出的條件中，一件一件的去評估。想想自己能為公司貢獻多少價值，然後開出一個對雙方來說都公平合理的價碼。

　　不要自視過高，也不要妄自菲薄。舉例來說：如果你既不勤奮又一無所長，貢獻度低卻眼高於頂，一心只想著要求高薪，卻無法創造出相符價值的話，自然會一直處處碰壁。又或者，如果你的才華出眾，明明各方面條件、能力無一不差，卻因為缺乏自信、沒有勇氣主動爭取、不懂自我行銷包裝技巧也毫無薪資談判概念，那麼會一直苦領低薪也就一點

都不意外了。

3. 設定可接受的薪水底線絕不委屈，同時保持一點彈性

「請問您的期望薪資是多少呢？」
「嗯⋯⋯大概三萬五到六萬吧？」
「不好意思，我們公司的預算可能沒辦法給到那麼高。一般新進人員統一都是兩萬三，再依表現調薪，但我會幫你多爭取到兩萬五，這樣可以嗎？」
「啊⋯⋯好啊！謝謝你耶！」

　　拜託不要輕易就屈服於面試官這種常見的曲折話術！不然很容易一回神才驚覺，「不對呀！這根本就沒有達到薪資談判的目的，我還是軟弱的接受低薪了！」

　　一定要事前就想好一個小一點的期望薪資範圍，有時候開出的範圍太大反而會讓人覺得「你根本還沒想清楚，可以砍價的空間還有很多」。也務必事先思考可以接受而不會委屈的「最低薪資底限」，然後為自己堅守、捍衛，絕不輕易屈服！

　　不過遇到百年難得一見的大好機會或者心目中的夢想工作時，也不要固執的只為幾千塊就放棄一個能夠一展長才的

大好舞台。設定底限的同時，適度保持彈性還是很重要的。重點就是，記得好好聽從自己內心的聲音，職涯千萬不要委屈，就去那個能讓你真正享受、快樂的地方吧！

4. 廣投履歷多面試，手上的offer愈多，談判的姿態愈穩

投履歷跟參與面試又不用付錢，就算你忠心耿耿的只應徵一間公司，面試後便關閉履歷開始苦等回音，也不會讓你因此加分或順利錄取。明明可以有更多的機會和選擇，為什麼要畫地自限呢？如果時間、精力允許，就盡量的廣投履歷、多去面試吧！

身邊目前工作待遇較好的朋友們，大部分都是投了大量的履歷、參與了多次面試，最後才找到現在這份令人滿意的工作的。對感興趣的工作廣投履歷，可以創造更多的機會和可能性。多多赴約面試則可以藉此了解產業情況，同時累積實戰經驗並從中學習。

面試後被拒絕或從此失去音訊也沒有關係，就繼續調整優化履歷、繼續向其他企業投出履歷、繼續信心滿滿的參與面試。持續堅持一小段時間後，通常便能順利拿到其中幾家公司的聘僱邀約，接下來若有機會到真正夢想的企業去面試，談薪水時便能更有把握，姿態也會更加沉穩。

好整以暇的拿著幾個錄取offer，慎重的從中選出一個最理想的工作投入的感覺，不是比只給自己幾次應徵與面試機會，失敗了就一蹶不振要好得多了嗎？

最後也千萬別忘了誠懇待人的求職禮貌，如果答應了對方就盡量不要遲到或面試失約，就算後來錄取了卻沒有選擇進入該公司就職，也最好能致電或寫信正式婉拒，這才是真正優雅的待人處世之道。職場看起來很大，其實也很小，「留下好名聲給別人探聽」也是非常重要的，從此刻起開始好好重視、經營自己寶貴的「個人品牌」吧！

5. 先聊自己能為公司創造的價值，最後再談薪水

薪水要談，但也要聰明選對時機。面試一開頭就談薪水，雖能節省彼此時間，但相對的也會比較沒有說服力。因為公司根本還不了解你的能耐，面試官也還沒有機會透過面試與你建立更深一層的關係。最好能留在面試的最後，等你有把握讓面試官更清楚你能為公司帶來的價值、彼此也更熟悉一些時再聊。先展現熱情與能力很重要，讓企業看到一位「充滿理想衝勁且實力堅強的人才」而不是一個「只考慮錢的冷漠談判對手」，成功與面試官建立真誠、友善的信任連結後，再來討論薪資待遇就容易多啦！

6. 態度溫柔而堅定，贏得正面好感很重要

　　千萬不要把薪資談判當作吵架、辯論，也盡量不要參雜太多濃烈的個人情緒，或把面試官當作發洩對象的放肆傾吐你有多需要錢或這個職場有多麼不公。

　　務必要記得保持冷靜、輕鬆而不失專業的態度，不卑不亢，溫熟而堅定。用能力、實績與所能為公司創造的價值當作籌碼去談判，才是最有說服力的。最好能事先預想各種可能面臨的問題，然後準備好足以說服企業也說服自己的答案。

　　盡量誠懇有禮、親切專業，博得好感就成功了一半。只要公司愈喜歡你、愈欣賞你、愈把你當做不可多得的人才，就愈難拒絕你的要求，也愈渴望用好的待遇爭取留下你。

7. 不要裝可憐或語帶威脅，實力和誠懇的個人魅力才是最有效的籌碼

「我一個人離鄉背井在外打拼，要寄錢回家還要負擔房租。」

「你這樣的薪水怎麼請得起真正的人才？其他公司的待遇都比你好很多。」

你以為裝可憐或威脅老闆，對方就會乖乖許你一個夢想中的待遇與未來嗎？那是不太可能的！把自己當作老闆，設身處地的去想想吧！什麼樣的說法才能讓你心甘情願的高薪禮聘一位員工呢？

　　看到可憐的人，你或許會流下一把同情淚，但同情並不會帶來尊重與禮遇，你不會因為看到一個人很可憐，就覺得自己理所當然的應該要高薪聘請他。同樣的，受人挑戰、威脅的時候，你或許會很生氣、很想證明自己也是好公司、也願意善待自己的員工，但你絕不會因此就覺得眼前這個目中無人的求職者，就是那個值得你善待的真正人才。「你可憐，我就應該要給你好的待遇」、「你威脅我，我就應該要給你好待遇」，這兩種說法都沒有道理也完全說不通呀！

　　最有效的做法，應該是站在公司的立場思考，拿出過去的經驗成績證據、展現實力與自信魄力去溫和有力的說服對方，如果對自己的能力夠有信心的話，甚至可以給出一個辦得到的合理承諾並主動表示願意接受考核。清楚的讓企業明白「我是來幫公司賺錢的」、「我能為公司創造的價值絕對會遠遠大於我所要求的薪資待遇」，讓企業與求職者雙方都覺得開心合理、物超所值，這才是成熟且成功機率大的談判智慧。

　　從現在起放棄扮可憐或找人吵架的弱勢姿態吧！想被當

成人才，就必須先尊重自己、拿出人才的態度才行。「努力
而有實力與價值的員工」，要求高薪合情合理，給不起你所
期待的薪水老闆自己都還會覺得過意不去呢！

8. 被問到前份工作薪水，要有沉穩應答的智慧

　　被問到「前一份工作的薪水」或「其他家面試公司所開
出的薪水」時，該怎麼答？

　　委婉的說出自己目前在市場上值得的合理價碼，與願意
接受的薪資範圍即可。薪水其實也算是企業的內部機密與自
己的個人隱私，並沒有規定一定要告訴面試公司。直接傻傻
回答薪資數字，又不懂協商談判技巧的話，很容易「原本兩
萬二，變兩萬三」或甚至只得到一模一樣的薪水而失去爭取
更高待遇的機會。老闆會覺得這樣的薪水就請得動你了，加
個一、兩千元已是恩賜。

可以參考的應答方式如下：

Q1：「您上一份工作薪水是多少呢？」或「其他面試公司
　　　開的薪水是多少呢？」

A1：「這方面因為涉及公司機密與個人隱私，比較不方便
　　　由我直接回答，但以我目前的學經歷與市場價值，可

以接受的薪資範圍是 X～N。」

Q2：「所以這是你上一份工作的薪水嗎？」或「所以這是其他公司開出的薪水嗎？」

A2：「這是我目前的市場價值與可接受的薪資範圍。」

Q3：「您還是要告訴我確切的數字，我才能跟老闆核薪，拜託了！」

A3：「您可以轉告老闆，我願意接受的薪資範圍是X～N。我有XX學歷、XX專業與XX相關經驗，成果是XXX，也有自信以我的能力可以為公司OOXX。當然，同時我也非常樂意接受公司的定期考核。如果主管評估後，覺得合情合理的話，那我很樂意為公司效力。如果覺得不合適的話也沒有關係，我們保持聯絡，期待往後能有其他不同的合作機會。」

9. 不要只看薪資，其他福利待遇與工作條件也要一併考量

薪水或許是維持生活品質的基本要件，但絕不是快樂工作的唯一要素。除了薪資之外，很多重要因素和自己工作

中最在意的地方，也別忘了一併考量！其中包括：工作內容與業務範圍、是否能達到工作與生活的平衡、企業理念是否能夠使你認同、是否符合熱情且能夠發揮所長、員工福利如何、同事主管間相處是否融洽、是不是一間重視人才的企業、升遷管道是否公平暢通、未來發展的前景如何等。當然，「薪資結構」也要記得列入思考，比如：公司開的是月薪還是年薪？津貼、獎金、年終、加班費等是怎麼計算的？提供的薪資數字是稅前還是稅後的金額？有沒有包含勞健保等，都會對你最後所能夠實際領到的薪水產生很大的影響。

　　職場面試就像一場你情我願的愉悅買賣，把企業當作合作夥伴去協商薪資待遇，再公平正常也不過了。別再膽怯、逃避，勇敢的為自己爭取「合理的薪資待遇」與「合法的工作環境」吧！

【出社會最可怕的不是薪水太少，而是看著自己漸漸變成當年眼中那個無趣的大人，卻還渾然不覺。】

Step 8.

世上沒有完美工作，夢想工作通常都是自己創造出來的

別再拘泥於傳統的求職方式與職涯發展，找出屬於自己的獲利模式吧！

我們總是渴望著找到一個事事如願的工作，可是無奈，離家近的工作生活圈小，生活圈大的工作又離家遠；賺錢的工作不有趣，有趣的工作又不賺錢；輕鬆的工作沒有意義，有意義的工作又不輕鬆；動腦力的工作不能活動筋骨，動體力的工作又傷筋動骨。覺得生活總是不能如意，於是便越發的鑽牛角尖，整個人都消極了起來。不工作，沒有目標還要擔心生活、未來；要工作，又懶懶的好像做什麼都提不起勁。

可是這世上沒有完美工作，夢想工作通常都是自己創造出來的！

以下舉幾個有趣的例子。

範例一

　　小美畢業後便進入了一間醫療器材公司擔任行銷企劃，每天都要在公司的企業Facebook粉絲專頁上銷售商品，可是按著主管、前輩們指示的方式每天張貼制式的廣告文章，不僅了無新意、行銷效果差，而且還對目前追蹤粉絲專頁的用戶們一點幫助也沒有，大家只是每天被迫收看一堆沒有靈魂的廣告而已。在毫無目標、熱情的工作了幾個月後，小美決心做出改變，勇敢地跟老闆提案，用新的做法開始經營企業Facebook粉絲專頁，結合自己新聞系背景的採訪、報導功力，收集素材、撰寫報導、製作影片，每天為粉絲專頁的追蹤者們提供各種有趣又實用的醫療健康知識與最新資訊，追蹤的人愈來愈多，許多人也因此得到幫助。小美透過對的行銷素材幫公司找到真正需要的顧客，公司粉絲專頁的影響力與品牌好感度也愈來愈高，業績更出現了可觀的成長。透過勇敢創造機會，小美將無聊的工作變得有意義，成功為自己爭取到了一個自由發揮的舞台和一份理想的工作，老闆和同事們也從此另眼相看。

　　如果小美不放手一搏的重新定位為自己的價值、創造不同的可能，她就永遠只會是公司裡的一個廣告貼文機器，任

誰都能輕鬆地取代她的位置。這樣的員工不僅得不到企業的重視，薪資待遇也難有提升，更浪費了自己寶貴的才華與專業。工作又怎麼會快樂呢？

範例二

　　小花是個普通的上班族，對工作沒有熱情，為了混口飯吃卻又不能沒有工作。每個月領著不多不少的薪水，過不上優渥的生活但也餓不死，同事們相處平靜和睦可也不是特別投緣。每天就這樣不上不下、不好不壞的過日子。而她真正的熱情，是研究香草、精油、人體經脈穴道，以及占卜、性靈、塔羅等各種玄學。於是從替同事主管們算塔羅、和周遭朋友們分享芳療與養生知識，到有愈來愈多人經過口耳相傳，主動的前來請教。小花決定為自己賭上一把，上班時仍舊全心全力的對得起薪水，下班後便利用額外的時間進修真正感興趣的專業領域知識，週末的時候則開始開辦吸引人的身心療癒課程，同時利用自己零碎的時間經營專屬網站，分享相關知識和資訊。當有一天，突然發現這些為了熱情所做的長期努力開始有所回報，業外收入甚至超越了原本的正職工作時，小花便瀟灑的辭去了工作，帶著滿滿的喜悅，擁抱為自己打造的夢想事業。當然，往後的他面臨了更多更多的辛苦和挑戰，但因為路是自己選的、工作是自己愛的，所以多年以來他始終都還是甘之如飴，真真切切的工作、生活，體驗忠於自我的人生況味。

在嘗試脫離常軌的走出自己不一樣的路時，一定會有許多人出自關心的跳出來阻攔，甚至冷言冷語的唱衰你所做的決定、踐踏你所有的努力。可是那又有時麼關係呢？真正需要擔心的只有兩件事情而已，那便是「你確定這就是你真正想走的路了嗎？」還有「你的能力和心理狀態都準備成熟了嗎？」如果答案都是肯定的，就勇敢地放手一搏吧！

沒有努力嘗試過，又怎麼會知道最後的結果呢？甚至是這整個世界的樣貌，都有可能會在轉瞬間便滄海桑田呢！就好像二十年前沒有部落客、沒有社群小編這種工作、不知道資料科學家是什麼東西，更沒有像Youtuber這樣的網路紅人經濟。而時至今日，所有當年的天方夜譚，不都成為今天的無限可能了嗎？

從現在開始，重新定義自己的價值主張，重新思考自己的獲利模式，好好的經營自己的個人品牌、社群聲量和真誠的人脈網絡，104職涯社群、LinkedIn、個人網站、部落格、時下熱門社群等，都是可以嘗試經營發展的平台。不要拘泥於傳統的求職方式和職涯道路，盡可能的去嘗試、尋找屬於自己的獲利模式吧！

【夢想真的不能當飯吃嗎？有時我們不敢作夢，只是因為害怕失敗罷了！】

III

熱門話題：
職場新趨勢

【做喜歡的事，工作好像就不再只是一份工作了！】

「零工經濟時代」來臨：就業之外的工作新選擇

爲社會新鮮人做職涯諮詢時，發現年輕人開始會問這樣的問題：「除了創業或進入企業工作，我還能有其他的選擇嗎？」。這是一件很有趣的事，越來越多新世代人才開始對現今的勞動環境有所反應，同時也開始思考，還有沒有什麼更符合這世代人的職涯新選擇。

「工作」就等於「朝九晚五的上班」嗎？

　　其實是我們長久以來都混淆了的兩件事情，我們需要工作來維持生計，但進入企業，開啓販賣時間與自由的「上班族人生」，並不是工作的唯一形式。除了創業與就業之外，其實還有許許多多「透過工作來賺取生活所需」的其他方式，比如：專業接案、授課／顧問、投資、電子商務／網路拍賣、打工家教、遠端工作、自媒體經營、表演者／作家／藝術家、研發創造、組織活動、跨界合作、自給自足的現代小農等，還有其他很多方式，只是因爲太過熟悉「朝九晚五的上班族工作模式」，才讓我們都忘記了所有其他更有趣、刺激的可能性。而在「零工經濟時代」來臨的現在，那些在過去被視爲脫離常軌、天馬行空的職涯可能性，通通都有機會被實現了，甚至逐漸成爲未來工作的新趨勢！

什麼是零工經濟？

　　「零工經濟（Gig Economy）」是新時代下的名詞，述說一個由「零散的勞動力需求」與「自由工作者（Freelancer）」所建構而成的新經濟領域。工作者們不再受限於「單一企業的全職工作」，而可以透過網路、人脈與各式平台，自由的和不同的企業、機關團體與個人進行合作，同樣是付出專業與勞力，卻從此有了更多的彈性與自主權。當然，零工經濟的實踐者們在享受自由的同時，也代表著從此揮別全職工作的固定收入與企業依靠，必須開始完全為自己的發展與收入張羅、負責，「自律」和「自我行銷的能力」將會是自由工作者們開啓新型態職涯的一大挑戰。

　　雖然自由從業早已不是新鮮事，工作外包尋求專業協助的模式也早就行之有年，但像現今這樣被勞方盼望著、被資方關注著的情況卻是前所罕見。此一模式在現今不但更加廣泛的為企業、組織、獨立資方所採用，且還擴及到了白領、高階人才與高技術人才的工作領域上。

工作價值觀的改變：零工經濟的興起與趨勢

　　根據麥肯錫2016年的調查，美國與歐洲的自由從業的人口已高達1.62億人，相當於將近30%的勞動人口。事實上，

朝九晚五的上班族工作早已不再如我們過去所認知的那般穩當、安全了。世界變化得太快，有些產業快速沒落，有些產業卻急速興起，過去聞所未聞新興工作不斷冒出頭，現今的職務在未來卻都有可能會消失，「全職工作職位」也正在逐漸縮減，取而代之的，是大量的「差事與工作組合」。在未來，全職工作或許不會完全消失，但可以肯定的是，一種高彈性與自主性的新時代工作模式，就要開始大行其道！

「零工經濟時代」、「自由工作者職涯」與「斜槓青年」之所以在近來廣受討論與關注，很大的一部分原因其實是因為「我們真的受夠了」！有些人是受夠了勞資關係的緊張、受夠了現今僱傭模式下勞動環境的艱難，有些人則是受夠了無法掌握自己人生的失控感。不論原因是什麼，越來越多人開始盼望改變，也開始積極尋找符合現今時代需求的全新工作模式。

畢業進入企業／組織工作，然後上班、下班，把時間、彈性、自由與人生的大半時光全都交付給企業，同時也享受著倚靠企業所帶來的方便、安全與保障，然後日復一日、年復一年，一生中或許轉換過幾次工作，然後也就這樣結束了。這是進入現代社會之後，一直被大家所遵從，甚至習慣成自然到認為「理所當然」的職涯路徑。這樣的「傳統工作型態」其實並沒有什麼不好，反而為社會與個人帶來了許多

的穩定和支持。然而，隨著時代的改變，環境漸漸不同，世代的價值觀也開始出現了變化，世界的劇變太快，既然什麼都不能帶來保障，「穩定安全」便不再是所有人思考職涯發展時的首要追求，新世代工作者反而更傾向於將工作意義、自主性、興趣熱情、尊嚴、彈性與多元化視為加倍重要的考量。職位已不再是定義自己的唯一要素，對於年輕人來說，工作是為了更好的生活。然而工作只是生活的一部分，卻不是全部，比起不用思考的線性職涯，他們更渴望透過自己的自主安排與規劃，活出更完整而有意義的人生！

如何在零工經濟世代中，成為微笑的那群人

自由職業的迷人之處，就在於可以拿回時間與人生的主導權，自行安排工作與休閒、規劃發展和未來，只要有網路、平台、人脈與「成熟且帶得走的一技之長」在身，就不愁沒有工作與收入。但「零工經濟」並非是所有當代就業市場問題的解答，它只是提供了一種「新的選擇」，究竟我們的生活會變得更好還是更壞，還是端看個人造化。

「自由工作者」可以說是一個非常各憑本事的職業，少了穩定的收入、企業勞健保與組織的支持，所要面臨的挑戰重重，絕非是一條逃避全職工作的簡單之路。有能力的人在

零工經濟時代中，成為了能夠獨立經營自己的老闆，沒有能力的人，卻可能逃離了一個老闆，反而淪為無數人的奴工。

無疑的，在零工經濟時代裡，「高技術能力勞工」相較於「低技術能力勞工」來說，還是比較吃香的，因為他們的能力取代性低，也因此享有較多的選擇與議價空間。不過，對於技術能力較低的工作者來說，雖然就業條件仍舊無法在零工經濟的發展下確實被改善，但也能因此擁有更多的彈性和自主性，去經營屬於自己的職涯。

想在零工經濟時代裡成為成功的一群，其實最重要的還是以下幾點：

1. 好好經營個人品牌與人脈。
2. 最好能擁有自己的網站平台或自媒體。
3. 認真經營起自己的顧客群。
4. 不要太過依賴工作平台與單一收入來源。
5. 「自我行銷」是必備技能。
6. 擁有至少一項成熟的專業，並持續學習精進。
7. 盡可能的創造被動收入。

太過依賴零工經濟中的新興工作平台、依賴單一顧客與合作夥伴，是很容易出問題的。以下這兩個例子，就是很好

的借鏡。

「上班族辭去全職工作成為嚮往中自由的Uber司機，卻因為Uber政策的不斷改變與抽成的提高而虧損連連，甚至要比從前做正職工作時加更多的班，才能打平收支、維持生計。」

「社會新鮮人滿心期待的開啓接案人生，卻從此在多份工的壓榨下窮忙，沒有保障也看不到未來。」

這些都是很常見的真實故事，雖說並非是絕對的結果，卻能給正在思考零工經濟職涯新選擇的我們一些警惕，如果你擁有帶得走的技能、個人品牌、自營平台、顧客群與多元的收入管道，那麼你的自由工作事業將會是健康成長的。但如果你只是「擁有那份零工」，那麼你很可能正從一個渴望逃離的職場環境，一步一步踏入另外一種剝削，卻還渾然未覺。

好好經營自己的專業、客群、獲利模式、個人品牌與個人平台，在零工經濟新世代中，自信滿滿的奪回人生自主權吧！

「被動收入」：讓你能夠爲夢想勇敢的經濟後盾

【什麼是「被動收入」呢？】

相較於一般「透過辛勤工作賺取生活所需」的「主動收入」，「被動收入」指的是那些「不必主動付出太多身心勞動，就能夠穩定入帳的收入」。這裡說的並不是不用做任何事情就能不勞而獲，而是一種「建立渠道」的概念！在別人揮霍、享受時間、金錢與資源，或者乖乖把收入全部存起來的時候，你將所擁有的部分資源拿出來，努力為將來建立被動收入的渠道與系統，因此能在未來自己所搭建的被動收入系統穩固之後，僅付出用以維繫的最低成本，就能夠持續獲得穩定的收入。舉例來說，常見的被動收入，如：租金、版稅、投資收入、網站廣告收入等，都屬於被動收入的範疇。

【被動收入小故事】

這裡舉一個最常被提及，也最好理解的被動收入故事。

在某個村莊裡，有大明和阿官兩位勤奮的年輕人。他們每天都同樣辛勤而努力的從事挑水灌溉的工作，唯一不同的是，大明將所有的精力都花在了挑水灌溉上面，工作積極肯拼，甚至能一人兼做兩份工，回家後除了基本開銷之外，便將每日的工錢全都好好的存了起來，然後安心的睡去；而阿官除了認真挑水之外，他也利用額外的時間，開始規劃、挖

掘能夠把水運送到村莊各個角落的灌溉渠道系統，甚至把自己一部分挑水的工錢拿出來，雇用工人一起挖掘渠道。幾年過去了，兩個人的體力都大不如前，大明已不能再像年輕時這般拼命的挑水，但他也擁有了一筆小小的存款。而阿官則成功建立起了灌溉整座村莊的水利系統，從此不必再依靠勞動力來賺取收入，挑水這項工作消失了，村民們現在全都每個月付費給阿官，使用阿官所建築起來的灌溉渠道系統。

這個有趣的故事，簡單易懂的說明了建立被動收入系統的概念與好處。雖然說並不一定適合每一個人，也肯定有相應的風險存在，就好像投資有賺有賠一樣，但它確實提供了我們一個新的想法、選擇和可以努力的方向！

【建立被動收入的好處】

擁有穩定的被動收入來源是很吸引人的，不論收入的大小為何，就算只是一個月數千元的被動收入，它都能一定程度的滿足我們的基本需求：「生理需求和安全感」。它讓我們知道，就算有一天我們病了、累了、任性了，或者想要去追尋內心真正的夢想和渴望時，不管發展得好不好，都還是會有一個穩定的金流來源，持續支持著我們。這讓我們勇敢，讓我們「知道自己是有選擇的」，也讓我們有了「能夠

堅持做自己喜歡的事的後盾」。

【常見的被動收入有哪些？】

　　每個人的個性、興趣、專長和能力都不一樣，適合發展的被動收入管道也就各不相同。有些人因為害怕變動、缺少投資概念與能力，或者現實條件下不允許，甚至是不適合經營被動收入的，比如：「莽撞的購入不適合的房地產，從此背負超越了承受範圍的沉重房貸，又缺乏行銷能力，無力將房子出租出去來貼補貸款，還剛巧遇上地段不好、房價下跌，賣房之後虧損慘重，還不如一開始就直接將錢全都乖乖存起來。」

　　上述故事或許是一個特別極端的例子，但也提供了我們一個參考，「經營被動收入」某種程度上也算是投資的一種，並不如我們想像中的那般容易。沒有什麼投資方式是最好、最完美、零風險的，有的只有「最適合自己的」。而究竟什麼方式才最適合自己呢？在全面了解各式投資方式與可能性之後，也別忘了好好問問自己喔！

7大常見的被動收入選項：

1. 租賃收入

　　例如：房東／二房東、車租、資源共享（Airbnb、Uber、器材設備／空間／資源出租等）。

2. 智慧財產權收入

　　例如：專利收入、版稅收入、銷售自己設計建制的線上課程／商品、開發App／軟體。

3. 建立一個健康的投資組合

　　例如：投資股票、投資基金、購買債券。

4. 專業證照收入

　　例如：某些需要專業證照掛牌或者專業監工才能執業的產業。

5. 經營自媒體／個人網站／素材內容庫

　　例如：賺取網站廣告收入、代言、業配、經營聯盟行銷。

6. 創建能夠有機自行運作的商業模式

例如：創業後退居幕後股東、建立能自主運作的電子商務模式。

7. 經營自動機台

例如：夾娃娃機、自動販賣機、扭蛋機、遊戲機、自動洗衣機。

如果你也是個不畏挑戰、艱難，渴望透過努力，建立屬於自己的收入渠道的人，那麼從現在開始，好好了解自己、評估各項管道與風險，開始熱血規劃最適合自己的被動收入與投資吧！拿出毅力和耐心，做好功課再出發，成功的機率也會更大喔！

IV

22個「社會新鮮人」
與「跨界轉職新手」
友善職務：
無強硬
學經歷
限制

【第一份工作做什麼其實並不重要，重要的是做什麼都傾盡全力，你會因此獲得更多！

洞悉市場 × 創意人

【網路行銷企劃】
工作實況直擊 🔍

　　各位網路中毒的朋友們！你們知道有一種工作，是可以讓你盡情的徜徉在網路的世界裡，混得越好、越了解最新網路趨勢、用語、工具、脈動，就越有機會朝著職涯的成功邁進的神奇工作嗎？那就是「網路行銷企劃」啦！這絕對是一個創意與智慧兼具，理性與感性兼備的超不簡單工作！不用太擔心自己年輕、沒有工作經驗，只要虛心、肯學，鼓勵天馬行空的創意及與眾不同的膽識，正是這個職務最最迷人的地方呢！

　　「網路行銷企劃」除了必須精準掌握品牌及產品的故事與定位，了解市場環境、競業與目標客群，熟悉各種網路行銷工具與資源，如：各式社群網站、廣告平台、數據觀測工具與平台、素材網站、實用網頁、異業合作平台、SEO概念常識、內容行銷等，還必須擁有敏銳的觀察力與超群的感染力，隨時掌握市場狀況、網路趨勢與目標客群的特質與動向，發揮創意、感染力與溝通協調智慧，將各部門的資源完美的整合，以創造出打動人心的各式行銷活動、文案、廣告與營運素材。

　　你以為光是以上所說的就足夠了嗎？一位好的網路行銷企劃，除了感性與創意之外，還必須具備理性嚴謹的「數據觀測、分析」與「成效追蹤」能力，了解每個行銷活動都是有成本的，而妥善運用資源創造最大的「實質效益」，就是對自己工作負責的最好表現。畢竟職場上光是說說是不夠的，還必須有專業的數據與證據，才能夠去說服主管、同事，說服客戶、老闆與自己呀！

【活動行銷企劃】
工作實況直擊 🔍

　　畢業以前，你也是學校裡各種社團、系學會……等等大小活動跑到爛的活動咖嗎？恭喜你發現了一份，或許會超級適合你的工作了！身為活動行銷企劃，多少都會有一點瘋，充滿了或外顯、或內斂的熱情活力，對生活與世界都充滿好奇，重視細節、創意十足又具備完美的超強執行力，而且EQ還不是普通的高，什麼溝通協調、危機處理，對我們來說都不過是家常便飯的小Case！

　　覺得這很像你嗎？等等，還沒那麼簡單！！要促成無數大大小小的活動，可不是單純有創意就足夠的，還必須思考預算、進行完整的效益評估，再用卓越的企劃與提案能力，去說服你的老闆或客戶，然後才有接下來馬拉松式的籌備、組織、溝通、執行，還有活動後的成效追蹤與檢討。如果這些都還嚇不倒你，歡迎加入活動行銷企劃的行列！一起在一場場熱血激昂的活動裡耀眼的燃燒吧！你以為我們在玩，其實我們在工作！

前輩真心話

再精彩的工作做久了其實也會疲乏，想法、企劃都容易淪為陳腔濫調。記得每天都要大量的吸收、閱讀，永保好奇心，才能為你的企劃、提案注入源源不絕的靈感創意喔！

前進臺大為應屆畢業生提供免費公益履歷健診與職涯諮詢。

【廣告企劃 / 文案】
工作實況直擊 🔍

　　人文社會科系的朋友們！喜歡文字、了解市場，稍有一點畫面美學素養又創意無限的朋友們！這裡有一種你一定會愛的超棒工作，你有膽挑戰嗎？！歡迎來到「廣告企劃／文案」的世界。

　　動動腦、寫幾句文案，然後結合運用資源去實現你腦海中的想像，就能賺錢？有天分又懂市場、懂得經營個人品牌的話，一字千金、自由來去，每個月接幾個廣告案子就賺進別人個把月的收入的，也大有人在。這究竟是個什麼樣的神奇工作呢？

　　「廣告企劃／文案」顧名思義，就是廣告產出的靈魂人物，企劃和文案工作在分工細的團隊裡會被區格開來，而大部分的時候，則常是合併在一起的，因為由發想創意的人，來統籌執行、產出最終成品再合適不過了。

　　身為廣告企劃／文案，必須有卓越的溝通技巧，以組織各類人才、完美的統籌運用各部門資源，產出最終的廣告成品。還需擁有理解世界的同理心、卓越的文字力、想像力與美感藝術思維，有生活、有故事、有血有肉。光是上述能力

還不夠，畢竟這可是一份世界數一數二沒安全感的工作啊！不論你再資深、曾經做過再成功的案子，都不能夠保證下一個客戶會買單你的提案，更無法保證自己每一次都能有藝驚四座的超猛idea。百折不撓的勇氣，和能夠隨時回歸到最低點的謙卑初心，才是工作壽命與能量能夠歷久不衰的終極必備祕訣！

　　要知道文字的力量是很驚人的，你可以憑一段文案賣掉一台飛機，甚至是讓整座城市的人都覺得自己有必要擁有某樣東西，或是立刻開始過某種生活。文案並不是寫得文辭並茂就叫做好，有時經驗、技巧都是無用的，關鍵只在於你是否夠「懂人性」？你的文案，消費者們買單嗎？一切都是非常數據結果導向的。觀察了解目標客群是必需的，他們的生活輪廓是怎麼樣的？他們每天都做些什麼事呢？什麼會是他們最大的渴望和驕傲，而他們最深沉的煩惱又是什麼？做為一位成功的廣告企劃／文案，你將會是社會的觀察者、行動的策劃者與心靈的療癒者。

👤 前輩真心話

靈感源源不絕的祕訣沒有別的：在清晨早早醒來，不要加班、不要勉強，不要因為忙碌而忘了世界的樣貌，永遠都別放棄像正常的人一樣的去「過生活」。

沒相關經歷怎麼進入這一行？

　　學生朋友們可以盡量去相關職務或企業實習累積經驗、了解產業生態。上班族朋友們也可以每天利用時間充實自己，盡量多累積廣泛領域的作品！

　　比如，想做電影類的廣告文案企劃，就多看他們相關的宣傳是怎麼操作、怎麼下標、怎麼寫文案的，就算沒有真實的工作經驗也沒關係，就自己找幾部電影來，認真的替它們寫宣傳文案與廣告企劃，如果能長期經營自己的相關網站或部落格、累積個人品牌的話更好，記得要用心的寫、全面的思考，考慮電影檔期時程去完美的規劃、包裝、行銷整部電影，記得一定要堅持、持續的進行，這些看似無用的事情都會不斷磨練、累積你的實力，而過程中所產出的內容也將成為你日後應徵相關工作時最好的作品！

　　想走其他領域亦同，各領域都在行、都有出色作品的話更好，因為通常若進入一般廣告公司，是很難只選擇單一主題接案的。在廣告企劃／文案的領域裡，實力便是決定一切的關鍵因素！

【社群小編】
工作實況直擊 🔍

「什麼？每天發發（廢）文也可以當飯吃？」

　　很好⋯⋯你已經成功激怒每一位靈魂高尚的熱血小編了！社群行銷的工作，可以算是因應數位時代而產生的，最奇妙的新興職務之一。尤其仰賴充滿創意與驚人執行力、熟悉社群語言，同時又具備行銷頭腦的年輕世代。成為社群行銷後，你每天都會需要吸收各種或嚴肅認真或稀奇古怪的最新資訊，大量的閱讀與思考，以便隨時抓住重點機會，為顧客創造令人驚豔的內容與價值。必須盡可能的製造有機的社群互動，同時又要確保行銷效果。

　　社群小編可以說是一種進入門檻低，看似人人能做的工作，但要做得不錯，需要非常用功；要做得好，除了用功外還要有點天分；要做得讓人忘不了，那你已經是萬中選一，市場上最炙手可熱的數位人才了！如果你有點網路中毒、充滿內涵，又滿腦子都是棒到不行的點子，面對各種挑戰都能越挫越勇，同時又有處理各種社群狀況的智慧與幽默感的話⋯⋯Welcome to小編的World！

前輩真心話

隨著社群入侵生活，企業也越來越重視社群小編這個職務啦！剛開始時總是苦命行銷企劃在身兼小編，而現在越來越多企業都鄭重開出徵求專職社群小編的職缺，薪資待遇也正在逐年攀升中！

【遊戲企劃 / 遊戲設計】
工作實況直擊 🔍

　　遊戲企劃 / 設計，顧名思義便是從事遊戲之設計與開發的關鍵角色。從遊戲故事劇情與世界觀設定、角色與關卡系統設計，到視覺風格發想和產品測試，全部通通都是你的業務範疇。為了設計出好的遊戲，市場調查、隨時掌握最新產業動態、了解市場環境與玩家，是基本功課。除此之外，超強的提案力與找資金能力更是必不可少。而永保好奇心的探索世界甚至是各式各樣莫名奇妙的冷門知識，則是能讓你的遊戲故事與世界觀更有深度的不敗祕訣。溝通與團隊合作的能力，更是關鍵中的關鍵！！

想成為遊戲企劃 / 設計，有什麼條件嗎？

　　其實遊戲企劃並沒有太多強硬的學經歷限制。必備條件便是：你必須熱愛遊戲！否則要在競爭激烈的環境下求生存、無止盡的試玩那些你早就玩到爛的遊戲、構想遊戲中複雜的安排、和一群難溝通又會不客氣的挑戰你想法中的一切盲點讓你又愛又恨的同類族人共事，還要身兼處理問題的救

火隊⋯⋯你會發瘋的！

　　除此之外，在所有的條件中，創意只不過是基本而已，起死回生、解決問題的能力、超卓的「溝通力」和化想法為成品的超強執行力與實做硬實力，才是重點中的重點。開始工作後你或許會十分驚訝，花在與團隊夥伴們說明、解釋構想並拼死拼活的設法運用資源完成任務的時間，竟然就占據了工作的絕大部分！

你可以做的準備：可以證明能力的實績或作品超級重要！

1. 盡量讓自己成為遊戲中毒者，甚至是職業級的神人玩家。
2. 試著自己設計一款遊戲，或者嘗試完成其他較小的相關專案作品。
3. 加入遊戲社群並用心經營自己的遊戲主題相關平台（部落格、影音頻道、社團⋯⋯等）。

 前輩真心話

永遠都要記得，你是設計者並非玩家，不是找到最快速的破關方法就好，你必須得是那個考量、安排所有環節與細節的全盤考慮者。而這也將會需要你所想像不到的超強邏輯與耐心。但是能夠創造、掌控一切的感覺還是非常的爽啊！

　　想成為遊戲企劃，最直接的方式就是直接開始去做所有「遊戲企劃工作內容會做的事情」，因為如此一來你在過程中所累積的經驗跟最後的成品都可以直接應用在履歷與面試中為你大大加分！因為雖然遊戲產業沒有強硬的學經歷限制，但是他們還是會很希望可以知道你的能耐在哪裡。在他們還沒有機會深入了解你之前，相關的作品就會非常重要。否則，如果有更強的競爭者出現，企業很可能就再也不會考慮一個看不出實力的應徵者了。

　　遊戲一定要常玩，可以針對你想走的遊戲類型、風格去玩，然後鑽研其中的脈絡，這樣如果面試時被問到一些深入一點的想法問題，你就不會很傻的崩潰然後毫無頭緒。當然如果你可以玩到像是職業級玩家那樣，那又更加分啦！

　　此外，就是開始做遊戲企劃，不要管有沒有人花錢請你做這些，自己開始做了就對了，沒有人規定還沒找到遊戲企劃的工作，就不能自己寫遊戲企劃吧？別擔心，這些努力都會成為寶貴的經驗和作品，你不會白忙的。

　　如果能和一些有程式、設計背景且也想往遊戲產業發展的朋友一起分工合作組團，直接設計出一款遊戲，那又更好！作品會說話，那真的是最好最好的履歷了。如果你們這款遊戲又剛好很棒的話，我實在想不出會有哪個企業不搶著高薪聘請你們。就算不進入職場，幾個人就此一起計畫創業

也無不可呀！

　　或者如果你的能力還沒辦法做到上述那樣，至少你能寫、能說吧？畢竟這可都是遊戲企劃的基本能力呀！就開設一個討論區或社團、粉專、部落格、Youtube頻道等等之類的任何一個與遊戲有關的個人專屬平台，然後用心的經營！如果可以經營到有聲有色，甚至是業界皆知的話。那筆者一樣想不出有哪個企業會不搶著錄取你！就算不當遊戲企劃，他們也會力邀你做遊戲產業的行銷、編輯或者社群經營者！

　　最後，加入遊戲相關社群，培養人脈也很重要！畢竟意想不到的機會都是從人與人之間的連結開始的呀！

　　如果對特定的領域感興趣，那就讓自己專精於這個領域吧！舉例來說，若是對電影跟電視劇最有興趣，平常看電影看劇的時候，就仔細去看一些細節、背景、原著、反思、性格角色、故事架構等，盡可能深入的去研究，然後應用在小編上述所說的那些建立經驗與作品的過程裡。就像作家也會有分兩性作家、小說家、影評人、旅遊作家等等一樣，遊戲企劃也需要有自己最專長的領域。因為那會讓你非常有特色，讓人在茫茫人海中只要一想到這個主題、領域就會立刻想到你！！

【其實畢業找不到工作並不可怕，找到一個一點一滴扼殺你對世界、生活的熱情，
卻又棄之可惜的工作才最可怕。】

沙場主將 × 開拓者

【國外業務】
工作實況直擊 🔍

　　業務工作或許會有人卻步，但「國外業務」工作卻是許多年輕人都渴望、嚮往的。只要能完成份內工作、想辦法達成績效目標，國外業務工作其實自由度很高，不太會受到太多的干涉，不僅能放眼世界，和來自世界各地的同事、客戶或合作夥伴一起工作，外語能力也會在每日的職場歷練中，越磨越精實。常聽身邊的國外業務朋友說，在工作中很容易結識跨國朋友，有的相交多年，甚至出國到世界各地時都有當地認識的朋友熱情作陪，知交滿天下。這樣多彩的工作，究竟需要具備什麼樣的能力？又有什麼不為人知的辛苦之處呢？

　　國外業務最主要的工作內容，便是維繫與開發海外客戶、經營國外市場和跨國合作關係、服務跨國顧客……等等。 常需在外國客戶與自家工程師、設計師等專業人士間來回溝通，以解決問題。一般多是辦公室作業，不太需要像國內業務一樣一整天在外頭奔波、面對面的承受人情冷暖，但出差、接待外賓等任務也絕不會少！工作中，你會有許多機會接觸不一樣背景的人、了解不同的民族性格與種族文

化，而其中「出差海外拜訪客戶」，將會是最艱難卻也最有趣的挑戰。如果你身處跨國企業的話，外派的機會也會有很多，有心朝海外發展的朋友，便可以多留意相關內部公告，主動向公司毛遂自薦！

　　英語能力是基本，而第二外語專長則會是你的一大競爭優勢。身為國外業務，除了需要持續學習，磨練外交手腕、熟悉產業知識、情況、行情報價與市場供需之外，還要能洞察市場先機，擁有良好的溝通表達能力、自律性、時間分配能力與超群EQ，並視目標、績效為己任，勇往直前、百折不撓。此外，由於每天都需處理大量的email書信、電話往來與會議，認識並尊重文化差異、熟知書信與電話禮儀、了解談判的藝術與智慧，更是國外業務的一大必備關鍵職能。所以常有人說，能做國外業務的人多是將才，往往能代表公司周旋於跨國客戶與合作夥伴之間，進退得宜、有勇有謀的為公司創造機會、帶入活水。一位優秀的國外業務，往後就算有心轉換跑道，也絕對是人才市場上炙手可熱的搶手貨啊！

　　辛苦的方面，除了每天上百封大量的「待處理信件」之外，「時差」也是國外業務工作最惱人的地方之一！我們的白天可能是海外客戶的夜晚，而他們開始工作之時，我們卻早已夜幕低垂。因此，別人上班時你清閒，別人下班後你忙

錄，可能會是工作後常有的事。一般信件往來可以把握上班時間處理，但偶爾仍會有必須當面溝通、即刻解決的事情，這時後便只能等到「自己下班回家之後，國外窗口上班之時」，再把握機會與對方聯繫、商談啦！

 前輩真心話

薪資方面，不同產業與企業規模的公司，所能爭取到的待遇、福利都會有所不同。而通常「以開發客戶為主任務」的國外業務，薪資彈跳性高，有多少努力成果便能拿多少應得報酬，薪水值得期待；而「以維繫客戶關係為主任務」的國外業務，則薪水較趨於固定。多勞、背負責任與壓力大者，薪水也有機會更高出許多，實是一個非常現實卻也還算公平的薪資制度。 大家可以多衡量自己的個性、志向，以確定想走的產業和方向，也別忘了把握面試的機會，多了解公司與該職缺的工作內容喔！

【國貿人員】
工作實況直擊 🔍

　　貿易是全球化社會裡很重要的一環，而國貿人員的工作某種程度上就好像是現代的張騫一樣，為企業扮演外交官與整頓開拓者的角色！工作中會面臨許多繁瑣的細節與刺激的挑戰，內容包括：與客戶和合作夥伴的外語書信往來、報價議價、風險與成本控管、討論產品細節、溝通廠商、驗貨、處理大批訂單、報關與進出口作業、參展與策展、業務開發和拓展、商務談判、接待外賓、顧客服務與關係維繫、行銷與通路推廣⋯⋯等等。熟悉產品特性與產業市場資訊、了解相關法律、熟悉金融與國際貿易規則、卓越的報價與議價談判技巧、良好的待人處事智慧和溝通無礙的外語能力，都是國貿人員的關鍵職能！

　　一開始的時候可能會負責較多的文書處理工作，包括處理不完的訂單、書信、報關文件與會議⋯⋯等等。專業能力與經驗值提升後，便會開始有機會接觸到跨組織部門溝通、商務開發、談判與國際參展等的工作。工作範疇雖然看似繁雜無比，但只要肯學，大部分的業界前輩們都表示，在2～3個月內熟悉上手其實並非難事！

　　大公司裡分工較細，每個人可能只需要負責某個專精的領域。而在小公司裡工作則常必須十項全能，經營發展策略、業務拓展、文書處理、書信往來與報關作業，全都要一手包辦！

　　在外語能力已是基本門檻的環境裡，「行銷與業務力」便成了影響國貿人員薪水高低的加分要鍵。雖然「國貿人員」一般不需要像主管或國外業務一樣，背負主要的業績壓力，也無需如行銷人員一樣主掌各式廣告與行銷操作，但若永遠堅持只做文書工作而沒有業務溝通技巧、協商智慧與綜觀全局的行銷能力的話，薪水便較難有所提升。別忘了國貿人員是企業裡的外交官，能夠開發產品、為商品找到通路和舞台，同時代表公司進行商務談判、拓展合作、創造機會並維持長期的良好商務夥伴關係的外交官，才是真正難以取代的關鍵角色。具有行銷與業務談判能力的國貿人員，通常也較有機會受企業推派出國拜訪或參與國際會展。畢竟在這種場合裡，企業最需要的，是一位能夠為公司取得最佳機會與優勢的將才呀！

 前輩真心話

國貿人員的工作時間一般和大部分的企業都一樣，固定白天上下班、週休二日，只有部分貿易公司會因為業務需求而需要在週六上班。但如果遇到特殊活動、緊迫訂單或出差拜訪、參展期間，工作時間便會需要跟著活動時程做調整。有時也會為了配合客戶的時差而加班，以抓緊能夠直接接觸的時間做重要溝通。

【電話行銷人員】
工作實況直擊 🔍

　　電話行銷究竟是怎麼樣的一份工作呢？為什麼有那麼多公司開出優渥條件，求才若渴，而新鮮人們卻總是又好奇又卻步的不敢嘗試？為什麼有些人做得痛苦萬分，有些人卻每天工作得精神抖擻，不僅擁有令人稱羨的6位數以上超夢幻高薪，還在工作中不斷累積人脈與智慧，收穫滿滿？

　　電話行銷主要的工作內容，便是透過電話與線上的溝通往來，將企業的產品與服務銷售給客戶，並維持穩定良好的顧客關係。工作的時候一般都不需要直接面對面的接觸客戶，雖然沒有看人臉色的壓力，但少了見面三分情的好處，顧客的態度和口氣通常也會更加的直接不留情面。每天撥出一、兩百通電話是常態，不斷的被拒絕也是家常便飯，了解產品知識、不斷提升自身專業則是基本。除了積極的觀察傾聽、主動學習之外，還要擁有堅忍不拔的毅力與不畏挫折的勇氣。神級的EQ、抗壓性和樂天到無可救藥的自我修復能力，也是必需的！

　　菜鳥們通常都會覺得，工作上好像要一直打擾到別人，很不好意思，讓顧客掏錢，都好像很對不起他們一樣。但其

實電話的銷售與成交，和一般商人與消費者之間的買賣行爲並沒有什麼不同，付錢購買商品或服務是非常理所當然的事。這時候選擇你所認同的企業與產品，就格外重要，深深的影響了你接下來整段工作職涯的快樂指數。因爲只有銷售自己眞心認同的產品，才能更有自信的相信：「透過不至過分的打擾，去找到那位眞正迫切需要這項產品與資訊的人，是值得且有意義的」。就好像「保險」，對某些人來說或許的確是浪費錢，但對有些人來說，卻是後悔沒有更早知道的救命稻草呢！

 前輩真心話

很多追求「穩定工作」的年輕人，每個月都領著2、3萬的固定薪水，但其實許多電銷職缺的底薪也一樣是2、3萬，還能每個月挑戰高額的獎金。雖然需要背負業績壓力，確實是辛苦了一點，但職場上哪有一種工作，沒有它辛苦的地方呢？花多少的努力、有多少的實力和成果，就拿多少應得的薪水與報酬，這其實很公平。建議新鮮人可以多了解職務和自己，多給自己一些選擇與機會。一但確定這是你真正想走的職涯道路，就勇敢的全力以赴吧！其實電銷工作的機會多，薪水的彈跳性與未來發展也都很有前景，壓力雖大，卻也能接觸各式各樣的人，看到不同的人生風景。好好的努力吧！你會有意想不到的收穫的！

【不動產經紀人／房仲業務】
工作實況直擊 🔍

　　「不動產經紀人／房仲業務」，因為商品成交單價高，所以可挑戰的薪水彈跳性也高。房仲業的流動率高，為了招募人才，底薪通常都很敢給，前半年到一年新人每月保障底薪4、5萬是常有的事，但相對的要求、訓練和壓力也絕對不低。因為假日或下班時間常要帶客戶看屋，客戶有空的時間不固定，房仲業務的工時也會跟著拉長。因為是高單價的商品，客戶的猶豫時間長，需要有更高的專業度，建立更強烈的信任感，才有可能成交。不動產相關業務通常需要花很多的時間，積極的充實相關知識，以提高專業度與說服力，而這也是一種對客戶負責的表現。有時親友還會把你當成投資、買房的專家，不時興致勃勃的跑來向你請教呢！

　　因為房仲業工作確實非常辛苦且不容易，各企業紛紛相繼推出越來越吸引人的福利措施。像是「前6個月保障月薪5萬，第一個月離職再領5萬」，或是「首創彈性工時8小時，顛覆你對房仲業的想像！」之類的offer。大家可以多了解，

想清楚這是否是你真正想要追求的職涯發展，確定之後，就勇往直前吧！

 前輩真心話

投機取巧、不擇手段的業務或許會嘗到偶然成功的滋味，但必定難以長久。畢竟買房是件大事，很多人都是帶著畢生辛苦攢下來的積蓄，充滿期待的來到你面前，如果你可以把客戶的需求、福祉都當成是自己的事，工作起來的使命感與成就感便會大不相同。一位真心感謝你顧客，可能會帶來下一位顧客，而下一位顧客也可能會帶來往後更多的成交與機會。

【理財專員】
工作實況直擊 🔍

　　理財專員一般並沒有特別強硬的科系與工作經歷限制，但進入後企業會做培訓與要求，通常之後都需考取相關證照，專業度高，社會尊重度也較高。認真的理專月薪5、6萬不是問題，金融業的年終通常也會比較高，值得期待。

　　每天都需要充實投資理財相關資訊，掌握最新趨勢與市場脈動，對於自身的投資與財務規劃也會有不小的幫助。需要常跟客戶搏感情、講很多的電話，專業度又必須讓人信服，是相對穩定而具有挑戰性的工作。把客戶的錢當成是自己的在管理，就是關係能夠長久經營維繫的最大祕訣啦！

 前輩真心話

如果你剛畢業，又不甘心屈就低薪，不喜歡被綁在辦公室受太多束縛，認為有多少成果就該拿多少報酬再公平也不過，那業務性質的工作真的會是你大展身手的絕妙舞台！理專基本上只要自己為自己的目標負責，業績達成了，沒有人會太在乎你上班時間都去了哪裡，做了什麼事。是一個相對自由、受尊重、自主性高，同時也需要高度自律與抗壓性的工作。

【青春熱血的年紀，為什麼要搶破頭的去爭一份「穩定的無聊工作」呢？穩定，也可能是「穩定低薪」呀！】

綜觀全局 × 操盤手

【專案管理師／專案經理】
工作實況直擊 🔍

　　不同於對產品負責的產品經理（Product Manager），「專案經理」（Project Manager）背負的將會是一個「專案」的成敗。從一開始的市場調查、專案企劃、預算評估與時程安排，到執行層面的資源整合、跨部門與跨組織溝通，至最後的數據追蹤、成效分析與結案報告……等等，全部都是「專案經理」的工作範疇。這樣瑣碎又責任重大的職務，不但需要很強的邏輯力、執行力、統籌組織與溝通能力，還需要一定的相關法律常識，以及市場與數字敏銳度。

　　「專案經理」職務並沒有強硬的科系要求，但若能多少具備與「你所負責的專案領域」相關的基本知識，工作上將會更加得心應手！因為你必須擔任團隊裡很強的溝通角色，「理解掌握專案目標，透過準確的溝通用每一種專業人事能夠理解的語言，展開傳達給負責的人，然後發揮超強責任感以確保專案能夠如期如質完工！」此外，身為專案經理，還必須透過定期吸收廣泛新聞、新知與理性追蹤、分析數據，

來掌握大環境現況並培養跳脫框架的思維與縱觀全局的視野，才能夠確保整個團隊的運作方向與時程，成為大家都可以信賴、倚仗的人。

專案管理能力可以應用的領域非常廣，並不只有科技產業需要專案經理。事實上，只要有組織、籌劃、管理「專案」的需求，就有專案管理人才大展身手的地方！例如：一個工程承包的案子、一場展覽、品牌活動、新產品的研發製造、一場婚禮，甚至是太空計畫……等等，都可以算是一種專案。有心投入專案管理職涯的朋友們，可以選擇自己最有熱情的領域去發展。

 前輩真心話

「專案管理／企劃」的生涯發展也有許多不同的可能性，不管是轉換至行銷、業務或產品領域、晉升為管理職、自由接案、自行創業，還是精進專業成為專案經理同時進修考取專案管理師證照，都是專案企劃工作者未來可能的職涯發展喔！

【產品企劃／產品經理】
工作實況直擊 🔍

　　許多社會新鮮人似乎都沒聽過「產品經理（Product Manager）」這個職務。「產品經理／企劃」，在市場上待遇相對優渥，看似管理著產品與一整支團隊的運作，卻又並非上司與下屬的管理層級關係，不僅掌握了產品的長相、調性與走向，還肩負著產品的上線、營運與成敗大任。可又既不是工程師、設計師，也不是業務或行銷人員；既不用設計畫面、寫程式，也不用思考廣告素材或銷售技巧，可以說是一個完全沒有任何硬背景與技術限制的職務。那麼，究竟身為一位產品企劃，每天都要做些什麼事呢？

　　產品經理最核心的工作內容，便是「管理並解決所有的產品相關問題，確保整個團隊與各項資源都在高效率的最佳狀態上穩定運轉，然後在維持產品穩定的同時，繼續不斷地追求創新，以解決現有機制無法解的問題，並提供更優質的服務與產品體驗」。是的，你並不是主角，卻是產品成敗與生存的關鍵，必須在團隊中擔任安排協調、運籌帷幄的角色，就好像一場Show的主持人一樣。

　　除了溝通協調、分配資源與思考創新之外，產品經理要

做的日常瑣事比你想像的還要多很多很多。像是「每週寄email給測試者，以分析了解市場需求與產品狀況」、「在客戶與工程師間來回溝通，抽絲剝繭的找出產品問題癥結並消滅它」、「每天分析各式各樣的產品相關數據資料與新聞，以掌握市場動態、領導團隊方向與時程」……等等，全都是產品經理的業務範疇。

邏輯表達、溝通能力與驚人EQ，是PM最重要的必備職能！必須能夠條理分明的向不同部門、各式各樣的人，清楚的闡述或轉達你所要說明的事情，並用對方能夠理解的語言去溝通，以確認團隊共識，一起朝著相同的目標全力前進。比如：跟行銷企劃要說網站的TA走向偏婆婆媽媽菜籃族；跟設計師要說用色要鮮豔喜慶、畫面要親切接地氣；跟工程師就要說產品規格是×××○○○……。

此外，不同產業、不同產品的PM，工作任務、性質與待遇也都大相逕庭，想成為PM的朋友們也可以思考一下自己真正感興趣的領域是什麼，然後多充實相關的產業與產品知識喔！

前輩真心話

通常菜鳥都會先從「產品企劃」職務做起，寫產品規格、進行團隊溝通協調與整合、企劃產品內容、時程進度安排……等等，待經驗成熟後才會晉級成為「產品經理」，更有前瞻性的做市場觀察、數據分析，擔任掌握大環境情勢並領導整個團隊方向的重要角色，背負產品績效成敗的同時，也有機會再往上爭取更高的薪資待遇。建議想進這一行又無從著手的朋友們，可以從企劃類職務做起，如：行銷企劃、活動企劃、網路行銷企劃、專案企劃、產品企劃、RD……等等，都是累積相關實力非常好的經歷喔！

【「想著想著就放棄了，做著做著就成功了！」──給還有夢想的朋友們。】

運籌帷幄 × 觀察者

【人力資源管理者】
工作實況直擊 🔍

　　嘿！你們有聽過「人資（HR）」這個職務嗎？人資顧名思義就是人力資源管理工作者，除了熟悉職場相關法令規範、規劃薪資結構、設計福利考績與獎懲制度、協助組織調整、安排各項人才培訓，還肩負著替企業管理人才，選、用、育、留的重責大任，工作內容與「人」息息相關，看似門檻不高，卻也學問最深。

　　拿年輕人們最嚮往的Google為例，很多人都只注意到那些Google的超厲害神人工程師、企劃……，但你們有沒有想過，是誰用雪亮的眼睛發掘這些能力超群、勇敢創新、擁有企業需要的人格特質，同時又符合Google文化調性的難得人才，想辦法把他們招募進來，放在最適合的位置上，然後持續關心他們的身心福祉、學習成長與職涯規劃，確保他們得到充分的照顧、培育，適性適才適所的發光發熱，為企業帶來最大價值的呢？就是人資啊！

　　人資工作者就好像人才的伯樂、職涯導師與朋友一樣，同時又是企業最重要的人力資源管理顧問與夥伴，這聽起來很不容易吧？！如果你喜歡和人相處、擁有超高EQ與處理

關於「人的問題」的智慧，還有足夠的同理心和高度，能同時站在企業與員工的角度上去思考事情、溝通、決策，為大家做最好的安排，那麼HR工作或許會是非常適合你的工作呢！事實上，很多優秀、真誠的HR和員工與高層的關係都非常好，人脈極廣，因為願意關心，所以和許多人都成了一輩子深交的朋友，到了哪裡大家都把他們當作職涯的貴人、老友，自然好的發展與機會也就不請自來啦！

 前輩真心話

人資工作其實可大可小，端看企業的規模與對人力資源管理的重視程度。對於HR來說，選擇一間重視人才且理念能讓你認同的企業非常重要，也能讓你在工作上得到充分的發揮空間與成就感。如果一間公司連人才都不願意重視、尊重，你還能期待自己在其中能有好的未來和發展嗎？

【儲備幹部】
工作實況直擊 🔍

儲備幹部是什麼樣的工作呢？簡單來說，儲備幹部職缺便是一種企業的新型態招募形式與人才培訓機會，透過嚴格的篩選過程，招募具有經營管理潛力的儲備人才，爲其規劃明確的升遷時程與職涯發展路徑，並提供資源進行一連串的培訓和考核，期待員工最終能夠成爲獨當一面的領導決策者，爲公司創造最多的價值和可能。

儲備幹部的招募，通常都沒有強硬的學經歷限制，也非常歡迎社會新鮮人，對剛畢業的年輕人來說，確實是一個十分難得的出路選擇。許多人都是看上儲備幹部的頭銜、優渥的薪水與可期待的未來升遷發展而來的！一般服務業儲備幹部的月薪便有3～4萬以上，而外商、金融業儲備幹部年薪更有機會上看一兩百萬。許多人都趨之若鶩，競爭也異常激烈！

但你眞的適合且想要做儲備幹部嗎？儲備幹部的眞實工作情況又是如何呢？

實際情況是：你想得太美好啦！

　　許多自視甚高，排斥基層工作，卻又毫無實際經驗專長的年輕人，都會被儲備幹部的漂亮職缺描述吸引，以為儲備幹部就是：「一帆風順的頂著漂亮學歷和『儲備主管』的驕傲光環接受培訓，然後就能理所當然的晉升為管理職獨霸一方」。

　　然而實際的情況則是：你仍然「必須從最基層做起」，接受不斷的輪調與定期考核。企業裡每一個組織部門的情況你都必須了解，重複、打雜的工作你通通要做，產業知識、數據分析、營運、管理、採購與思考決策練習的學習和功課，你也別想要敷衍帶過！每一天、每一個考核階段都像是在打仗一樣，讓你一刻也鬆懈不得。你年輕，又沒有實際經驗、戰績，在短短的時間內一個部門換過一個部門，你憑什麼讓對你沒什麼深厚革命情誼的同事們，願意義務的去教你、告訴你事情呢？這可就大大的考驗著你的待人處世智慧了！好不容易過關斬將，通過培訓順利晉升決策管理職，你還必須要經歷時間去證明實力、贏得人心，才有辦法真正獲得下屬的信任與敬重。畢竟，要身經百戰的老鳥員工，去依從一個乳臭未乾、剛畢業沒幾年的菜鳥主管，從來就不是一件容易的事情呀！

儲備幹部／管理職，真的適合每一個人嗎？

其實有許多年輕人都會興沖沖的拼命應徵進來成為儲備幹部，而真正成為經營管理者之後，卻又恍然大悟的發現，自己根本就不喜歡做決策管理職這種背負成敗高壓、消耗腦力、需要分析解讀各種數據，又得要解決各種「人」的問題的複雜工作，反而比較喜歡發揮創意、實做型或聽從指揮型的單純工作。但好不容易拼死拼活的面試進來，又披荊斬棘的爭取到現在的待遇與位置了，要灑脫離開，又談何容易呀！最苦了自己的，還是那股不甘心啊！

 前輩真心話

有誠意、認真想培育人才的好公司，確實會投注非常大的成本，在儲備幹部的培訓上，甚至提供海外訓練的課程與交流參訪機會，所以經常都會有「培訓完畢晉升後，必須在公司服務滿一定期限」的合約規定，雖然培訓期間能夠獲得許多的資源和機會，但相對的時間也會因此被限制住。

【採購人員】
工作實況直擊 🔍

　　時尚電影看多了，總想像採購是個光鮮亮麗，每天與各大品牌新品為伍的超爽工作！等到真正開始採購生涯之後，才發現其中的學問比每天該拿哪款包還要深奧太多太多。你需要很強的洞察力與數據觀念，掌握市場供需、價格波動、物流配置。事實上，不只時尚產業，各行各業都有可能需要「採購」，而不同產業的採購知識又是另一門說不完的學問了。

　　很多人都說採購是個優勢占盡的工作，動動手指幫公司省下一點預算老闆就能龍心大悅，而掌握金流的人，也更容易成為企業最倚仗、信賴的「自己人」。可是僅管沒有強硬的科系限制，採購的工作還是一點也不簡單。不但要熟悉產品、懂得溝通、懂得比價議價、懂得物流倉儲，還必須能夠了解預算與成本控管，掌握市場與大環境脈動。手握著資金的擔子，可一點也不輕鬆啊！

【特別助理】
工作實況直擊 🔍

　　很多人都會好奇，特別助理是什麼樣的工作？跟祕書、助理一樣嗎？答案是：有許多相似之處，但又非常不同。特別助理是一間企業高層老闆或CEO最親信、倚重的幕僚與左右手，通常都是公司有心栽培的儲備領導人，待遇不低，但工作也非常不簡單。最特別的地方就在於「沒有固定的工作範圍」，小至跑腿打雜，大至跨部門、跨企業的溝通、決策，通通都可以是你的業務範疇。因為你要做的，是老闆身邊那個「最需要的角色」。

　　身為特助，你必須有大將之風、優秀的EQ、分析思考與危機處理能力，能與老闆一同出席各式場合，談吐優雅、應對得宜，有辦法協商談判、處理內外部問題，可以規劃安排大小活動、事項，也能為老闆倒水提鞋、駕車接送。許多一流的經營管理者年輕時都做過特助，儘管特別助理工作辛苦，常需處於備戰狀態隨時待命，但能站在老闆身邊的位置，用同樣的高度去思考事情、去學習做個決策者，是年輕人最難得的歷練機會。

　　做過特助工作，就好像經歷過一場扎扎實實的嚴厲「未

來經理人訓練營」，你會在這樣的過程中累積經驗、快速成長，未來可以勝任的職務、工作非常多，幾乎再沒有什麼事情可以輕易的把你擊垮，出路將無限寬廣。

智慧優雅 × 代言人

【公關】
工作實況直擊 🔍

　　該怎麼說呢？進入公關業，熱血沸騰的時刻很多，當然讓你崩潰大翻白眼的Moment也不會少。你可能會有機會接觸到各大明星、球員，深入時尚圈，跑趴跑到吐，熟悉各大小媒體，舉辦各式品牌活動與記者會，接手緊急危機處理事件，甚至還要不時客串演出上電視，然後拼命寫新聞稿……。但在看盡繁華最真實的一面之後，或許一切也就再不會如想像中的浪漫了。

　　身為公關人，首先，必須打理好自己的外表，至少必須讓人感覺舒服而不討厭，因為你將會是一家甚至多家企業的品牌大使與代言人。接下來，你還必須要打理好自己的頭腦，因為沒有「待人處世智慧」和「化語言、文字為力量」的能力，你永遠也做不了一位真正的好公關。

　　看著優秀的公關人，你會覺得身心舒暢，因為他們永遠都是那麼的優雅從容，永遠都有籌碼在手，永遠都知道什麼時候該做什麼事、什麼場合該說什麼話。

前輩真心話

公關業傳說！在外頭闖蕩大家都覺得我們是俊男美女，其實回到公司也不過是忙翻的肥宅罷了，化妝、打扮、洗頭什麼的，我們才不在乎呢。 所以常有人說公關工作絕對是新鮮人快速社會化的首選，待過公關業，職場上就再沒有什麼事能難得倒你了！

【記者／採編】
工作實況直擊 🔍

　　為什麼有些人對記者工作百般挖苦、充滿厭惡，有些人卻帶著自始至終沒有改變過的真誠笑容，說「記者是可以做一輩子的工作」呢？

　　很多過來人都會同意，記者是一份非常難得可以在賺進生活所需的同時，持續學習、看盡人生百態的獨特工作。真正的記者，其實是中立、嚴謹、敏銳，冷靜勇敢，無所畏懼，知識淵博而充滿智慧與高度專業的。只是在現今市場社會的詭異驅動下，媒體環境每況愈下，許多記者在壓力、誘惑與惰性下逐漸失去初衷，或者被迫每日行屍走肉的報導著連自己都無法感動、說服的新聞罷了！

　　但儘管記者工作環境艱辛、危險度高、變化極大、薪資每況愈下而工時卻有增無減，還是有大批年輕人義無反顧的，投入這個被社會賦予崇高使命和期待的高風險職業。那些老愛消遣時下記者的人們或許不知道，其實現在還願意當記者的人，大多是充滿裡想與使命感的不簡單年輕人，他們清楚產業環境情況，卻還是帶著陽光般的笑容紛至沓來，因為他們夢想改變現況、捍衛閱聽人的權益，深信有些事情必

須被世人知道，有些眞相值得赴湯蹈火。

　夢想成爲記者的朋友們其實也不用太過悲觀，因爲從近幾年來看，新聞環境確實正在各界的努力下，逐漸往好的方向發展。雖然媒體亂象仍舊存在，但很多閱聽人都已開始學會選擇訊息的來源，也有不少人漸漸了解到「觀察比較不同資訊，審愼思考以拆解釐清眞相」的重要性，或者傾向於只信任少數有責任感的優質獨立媒體。而新型態的網路媒體與獨立平面媒體也如雨後春筍般懷抱理想的冒出頭來，審愼的追蹤揭露，關懷土地與社會，努力營造合理的記者工作環境，不放棄的認眞耕耘著，等待綻放。其實每個時代都有糟糕的事情，現在的我們也很難斷言一個產業的興衰，如果確定想以記者做爲人生志向的話，就好好努力、勇敢嘗試吧！畢竟「改變世界」，可是只有無所畏懼的傻子們才能辦到的事呢！

 前輩真心話

記者的工作性質還可以分成許多不同的領域，以平台來看，有電視記者、報章雜誌記者、網路記者、廣播記者、外稿和獨立記者……等等。而從專業路線來看，也可細分成政治、財經、消費生活、社會、國際、體育、影視、深度專題與追蹤報導……等等。追新聞、趕稿是常態，一般待在辦公室的時間不多，新聞現場、高級轎車上、飛機上、高鐵中、山林間浪頭上或異國的飯店中，都有可能是你整理資料、寫稿的地點，只要有手機／電腦、有網路，工作就不是問題。其實非常適合喜歡趴趴走、接觸人群與故事的熱血年輕人呢！

【編輯】
工作實況直擊 🔍

不知道大家有沒有看過，那部經典到不能再經典的聖誕節浪漫喜劇《戀愛假期（The Holiday）》？編輯們工作的日子，大概就很像癡情主人翁Iris的日常。

在編輯的工作生涯裡，每天都少不了巨量的閱讀，有時候會感覺自己正在做一份為歷史把關的偉大工作，掌控了一篇文章、某期雜誌或一本書是否被刊登、出版，又會以什麼樣的形式呈現在世人眼前。作者們嘔心瀝血的作品全都滿心期待的呈遞到你的手上，而你就掌握了主宰一切的生殺大權。

有時候又覺得編輯工作實在非常瑣碎繁雜，構思、決定方向、催稿、校稿排版、會議、無限的來回溝通等。就算出版、發表了，都還要膽戰心驚的擔心銷量與瀏覽量。但如果你實在對文字與文化充滿熱情，我想這無疑將會是一份無比幸福的工作！

 前輩真心話

當然編輯又可以細分成各種不同的角色，而不同產業的編輯，工作內容也大相逕庭。記得好好的替自己選擇，那個最能讓你熱血沸騰的位置。

【飯店櫃檯服務人員】
工作實況直擊 🔍

　　很多人都是看見它美麗的一面而進到這一行的。優美舒適的工作環境、放鬆的休閒氛圍、好看的制服還有超美妙員工設施福利，每天都能感染到旅人們輕快的心情……。但工作與旅行畢竟不同啊！歡迎來到服務業戰場。

　　飯店櫃台人員負責主要的文書處理與顧客服務工作，除了需熟悉飯店各項服務、設施、規章，具備飯店安全與急救知識之外，還必須儀容得體，應對得宜，優雅又不失專業。危機處理的能力更是必不可少，是最需要有智慧的安排調度、處理突發狀況的重要角色之一。主動學習的積極性也非常重要，更是升遷的一大關鍵。外語能力屬於核心職能，英文能力是基本，如能具備第二外語專長的話又更加分。不管是對內還是對外，都需要有非常高的EQ，才能妥善處理顧客問題，同時擁有良好的職場人際關係。

　　另外，工作上常需久站，健康與體力都是必備條件。休假方面，大都是輪班排休，每天看著旅客來來去去，自己能休的假卻不多，因為現場人手調度的問題，請假也需要提早告知安排。飯店業基層薪資普遍不高，晉升為管理職後的薪

水則較值得期待。

　　最後，也別忘了多看、多了解，盡量選擇具有完善培訓計劃、透明升遷管道，且重視員工職涯規劃的企業喔！

 前輩真心話

這是個光鮮亮麗，卻也非常辛苦的工作，但如果服務業就是你最大的熱情所在，我想你會完全理解其中的一切崩潰與甜美的。很累、很疲乏的時候，只要想到對我們來說是重複的工作，對客人們來說卻都是獨一無二的旅程，就會非常希望能夠給他們最難忘的體驗，整個人一下子就燃燒了起來，精神抖擻的！

【想知道一份工作是不是真的適合你，看自己早上會不會興奮的起床，就知道了！】

其他：新世代變種人

【斜槓青年】
創造力強勁的多元多職人生 🔍

「穩定工作 + 興趣兼職」、「腦力工作 + 身體工作」、「作家 + 講師 + 顧問」、「需運用多重專業技能的工作」、「自營個人平台」……

「斜槓青年」（Slash）這個詞，出自美國專欄作家Marci Alboher所提到的理念，指的是現今時代裡，那些不甘於單一職業生活，勇於開創「多元多職人生」的新世代年輕人。這些對生活充滿熱情與想法的人，在介紹自己的職業時，總會用斜槓符號「／」來分隔他們精彩的多重身分，比如：「張╳凡──軟體工程師／古物收藏家／潛水教練」、「陳╳嵐──專欄作家／講師／園藝治療師」、「趙晴╳──室內設計師／街舞老師」、「吳孟╳──教師／房地產投資經營管理者」。

越來越多人都開始同時發展多項興趣專業，逃脫限制個人發展的「社會框架」與「從眾心裡」，體驗更精彩的多元人生。豐富生活的同時，也創造了多重的收入和選擇。

誰說一個人只能擁有一份工作、一種生活呢？

不同於一般缺乏熱情、為五斗米折腰的「靈魂出賣型工作」與為了創造更高收入而身兼多職的「兼差工作者」，「斜槓青年」們更熱衷於用「多元興趣專業」來充實自己能夠自由運用的休閒時間。

比如：時尚雜誌編輯運用下班時間經營自己的人氣部落格平台，或休假時到酒吧熱血駐唱的婦產科醫師。

因為做的是自己擅長且喜歡的事，又能在多個工作身分中彈性轉換，所以通常都創造力強勁，心態也更加積極、正面。而能夠享有「自由支配人生的權利」與「發展不同熱情專業的職涯豐富性」，正是「斜槓青年」身分最令人著迷的兩大特點。

成為斜槓青年的條件

「斜槓青年」絕不是一條逃避壓力、逃避責任的輕鬆之路。想實現精彩多職人生，就必須先成為一位各方面能力與心理素質都足夠強大的人。

你的自律性夠嗎？你的各項工作技能厲害到足以讓人為之付費嗎？你的自我行銷功力能夠為自己找到顧客嗎？你的資源分配、整合能力與財務管理知識，有辦法讓你維持這樣

的職涯選擇，獨立生存嗎？這些都是你必須不斷詢問自己的問題。因為，如果能力不足，你所能擁抱的，只有不穩定的收入、瞎忙的人生與繳不完的帳單而已。

有句俗話說得好，「當能力撐不起你的野心時，就該靜下心來好好學習！」

首先，你至少必須培養一項以上足以創造收入的成熟技能，且能持續精進的在競爭者間維持領先地位。再來，你必須開始經營自己的客群、平台與曝光銷售管道，然後與時俱進的學習各種自我行銷知識和技能。最後，你還需要了解所有和本業無關卻與生存息息相關的事情，比如：異業合作、尋找資源、採購物流、業務銷售、投資理財、創造能支持你的被動收入……等等，然後「不斷不斷的持續學習成長」。

「由核心職能衍生出相關技能」，或「從興趣熱情中發展第二專業」，是許多「斜槓青年」的起步方式，也是相對來說比較穩紮穩打的做法。像是「演員」在事業成熟後，開始挑戰「導演」工作，最後乾脆「自己開起製片公司」；「編輯」利用工作之餘擔任「講師」分享出版經驗，然後定期將經驗集結成冊出版，開創「作家」的第三身分；或者「業務」運用休閒時間將登山興趣發展為專業，並在休假時間規劃登山活動定期開團上山，成為「活動策劃人」與「登山教練」。

忠於企業／工作，不如投資自己！

斜槓青年不一定都是自由工作者或創業家，其中不乏在企業中擁有一份很棒正職工作的人。不同的是，他們「拒絕為自己的人生設限」！誰說每個人都只能有一種專長？又是誰規定每個人都只能為一間公司效力呢？

環境的變遷太快，勞動力需求大宗的類型隨著時代不斷改變，緊抓住一份工作可能會被新市場淘汰，緊守住一間企業也難保不會突然失業。就好像儘管隨著網路時代來臨，工程研發人才身價飛漲，可是當未來系統建置完備，能夠自我修復更新、自學與創造的人工智慧甚至優於「總有失誤」的人力投入時，市場上或許又將出現一波「工程師失業潮」，就好像當年工業革命「機器取代勞力工作者」時的景象，只留下那些少部分無法為機器所取代的菁英分子。

所以說，「投資自己」可以算是最不會出錯的選擇了！不要放棄探索世界的好奇心與持續學習、精進自己的樂趣，只要實力夠強，你可以和多家企業、多位客戶締結「合作夥伴關係」，勞資雙方不平等的上下關係將有機會瓦解，晉升為「供給與需求兩端相互滿足」的健康對等關係。

平台時代來臨，企業不再是唯一選擇

　　求職模式正在悄悄改變，隨著「網路社群和自有平台的普及」與「資源整合／分配平台的興起」，每個人都有機會透過實力脫離組織、脫離企業，創造屬於自己的獲利模式。越來越多人開始思考，我們畢業後一定需要「進入一家企業去工作」嗎？

　　就好像理財講究分散風險，職涯規劃也是一樣。一份月薪10萬元的工作，自由程度很有可能比不上十個月入1萬塊的收入。因為坐擁一份高薪工作會讓人捨不得離開，你無法灑脫的放下一切出走，或因為和主管志不相投就任性離職。就算有幸進到薪資、福利與環境都樣樣俱全的公司，一旦面臨裁員、倒閉，你的收入也將瞬間歸零。而多職人生最棒的地方就在於，你能夠在很大的程度上擁有「選擇的自由」。

　　不過，要享受這種自由支配的權利，便需承擔相對應的風險。離開了企業的保護傘，你有能力靠自己的力量去闖天下嗎？

　　「企業」的存在其實還是有許多好處的，其中就包括了：組成堅實團隊、資源技術整合、分工互補不足、統一對外窗口、降低個別的推廣行銷成本等等。若想不再依附於單一企業，除了苦等相關市場、平台機制成熟之外，認真、積

極的充實、準備好自己，便是最好的辦法了！

歡呼吧！不用創業也能為自己工作的時代，就要來臨了！

推薦書單：

《不能只打一份工：多重壓力下的職場求生術》、《斜槓青年：全球職涯新趨勢，迎接更有價值的多職人生》

【要知道自己真正想要的是什麼，想成為怎麼樣的人？想過什麼樣的生活？否則你將背負越來越高的慾望，永遠都在追求，永遠也不覺得快樂。】

【自由工作者】
自由工作者新勢力崛起 ！誰說畢業一定要進企業上班？ 🔍

自由工作者（Freelancer）是什麼？

　　他們走上了一條不同於「傳統上班族」的全新道路，捨棄固定月薪、各式勞工保險與退休金的保障，換取全新的工作自由！只要有「成熟且帶得走的專業」，就能不再受限於時間、地點、工作項目，自由自在的選擇合作夥伴。協助各式各樣的企業、組織與個人，從此熱血的「為自己工作」！而隨著網路世代的蓬勃發展與「斜槓青年」的崛起，「自由工作者職涯」現今也逐漸成為年輕人們最嚮往的職涯選擇新趨勢啦！

工作新型態：遷徙式的職場波西米亞風潮

　　畢業之後，真的只剩下進入公司上班或自行創業兩種選擇嗎？越來越多人嚮往自由接案的職涯人生。時下工作型態正在改變，會議可以線上進行，溝通可以訊息交流，共同檔

案都放在雲端上，某些職務甚至只需要一台手機或電腦，就可以自由的在世界各地工作。所以為什麼我們還需要一間辦公室來打卡上下班，來限制工作的地點時間、限制更跳脫的創意和可能呢？

事實上，自由工作者世代的來臨，對企業來說也不失為一件激勵人心的事情。與自由工作者們合作，不僅有機會可以省下辦公室、工作設備、水電網路費等各項開支，會議的效率也會提高，因為誰都不想浪費時間。工作者們甚至還會因為享有更大的自我決定權而更加自動自發，因為他們必須為自己的工作品質承擔後果，並為自己的專業度負起責任！

其實我們並不是真的討厭工作，是什麼剝奪了工作的樂趣？

其實我們並不那麼討厭工作，畢竟工作是自我實現並帶來成就感的重要管道，向來都是「不得不做這份工作」的感覺剝奪了我們「自由選擇的權利」，也剝奪了我們「享受工作的快樂」。而在這個全新的「游牧式工作世代」裡，工作者的價值將開始被以「工作執行和產出的品質與貢獻」來衡量，而不是比誰加班更久。相信大家的工作幸福感與工作意願，也都將會因此而大大提升不少吧！

V

發現快樂工作職人：那些人的「幸福工作學」

【其實我們並不討厭工作，是「不得不」的不自由感剝奪了工作的樂趣！】

誰說一個人只能擁有一種
職涯身分？

他是壽司師傅、自然觀察家、民宿服務員

「我是壽司師傅也是自然觀察家啊！有什麼不可以的嗎？」

真是在哪都能遇見活得無比理直氣壯的神奇人物啊！在日本遊歷時，我們認識了一位讓人忘不了的朋友，他是壽司師傅／自然觀察家／民宿服務員。

抵達名古屋上高地那間神祕的民宿時，天已全黑。迎接我們的是個約莫27、28歲的日本男生，隨性的光著腳戴著一條頭巾，從內室裡衝出來，毫不客氣的兩腳站得老開。就好像海賊王漫畫裡的魯夫，或你平日裡每天看到不想看的超熟悉鄰居大哥哥。「就是妳們齁？」什麼護照、登記都不要，就開始領著我們四處轉。日式老房子出奇的典雅漂亮，看似小小的建築庭院之間就含蓋了4間大澡堂，2間室外、2間室內，進去之後只要掛上「使用中」的牌子就可以獨享整座澡堂，還有5、6間的客房，每間都既寬敞又五臟俱全，飽和色的彩繪磁磚房號牌，溫馨的榻榻米地板，簡單的茶几、沙發，厚實的茶具，還有讓我們最難忘的超柔軟蓬鬆被窩！印著大膽繽紛碎花，很有鄉下阿嬤家味道的那種。

這位大刺刺的民宿服務員盡責地為我們一一介紹，堅決不肯漏掉任何一項，好像每樣微小的細節都至關重要，我們雖然隱忍著一整路上無處宣洩的膀胱炸裂感，卻也還是十分配合的，在每個應該讚嘆的地方，都恰到好處的發出無比真

誠的驚呼加低吼。他只是禮貌又帶點驕傲的微笑看著我們，有一種「就知道妳們會喜歡！」的得意篤定感。他叫Ken，我們的第一個日本朋友。

我和高中老友一起到室外澡堂泡了一場星光燦爛的狂野裸湯，然後回到房裡廢物一樣的躺在榻榻米上翻滾，看著深綠色澤的茶葉隨著茶香慢慢抒展開來。隔天我們吃了無比豐盛、健康的日式早餐，繼續廢物一樣的睡到近中午，然後終於完全清醒，興致勃勃的整裝出發，去傳說中那個有大正池和河童橋的超美上高地自然保護區。

Ken震驚地望著毫無悔意的睡到中午、第一次在日本自駕竟然還不知道怎麼設定汽車GPS的我們，然後無奈的默默鑽進車子裡幫我們做設定。日本人其實真的很熱心啊！我和老友感動的互相交換了一個膜拜上蒼的眼神。

沒想到日本人的熱情還不僅止於此。就在我們摸索了老半天終於發動車子準備出發時，一輛紅色小轎車早已在前頭等著我們了，「我剛好要去上高地接駁車車站附近吃飯，跟著我的車走吧！」。後來才發現，原來Ken根本就沒有打算出門吃飯，是特意領著我們去的。

日本的自然環境保護法規執行得出奇的好，一般汽車是禁止進入上高地自然保護區的，必須在下面停車，再轉搭專門的接駁大巴上山。我們上了接駁車坐定，隨性地向外看

去，卻驚訝地發現Ken竟也默默的買了接駁車的票，正在排隊準備上車。他興高采烈的拿著車票向我們使勁揮手，陽光得不得了的咧著嘴燦笑，一臉無所謂的樣子，好像他本來就打算去上高地玩，我們也不好表現得太過感激。

就這樣，我們得到了一位無比專業的上高地導遊、自然導覽員、日語與鳥語口譯員兼無聊觀光客攝影師。一路上兩眼發光的用簡單的英文和不計形象的肢體語言，和我們一一介紹各種當地經常出沒的野生動物，帶著我們側耳傾聽沿路上的清脆鳥鳴，然後在遊客企圖染指路旁野花野草時堅定的搖頭制止。是啊，在這些所剩無幾的野生生物天堂裡，任何一草一木都是不允許被輕易傷害或帶走的。記得小時候進到山裡，渾沒當一回事，現在卻是對自然多懷了一股感激和敬意，無比珍惜這碩果僅存的野地荒蕪。

上高地這一帶的美，是很能讓人一整天心情雀躍的那種。金色陽光和煦的灑落大正池，初夏的氣溫正好，路旁竟還摸得到上一季未融的雪。遊客來來去去，卻沒人捨得打壞這蟲鳴鳥叫的寂靜，大家都說好了似的，有默契的放低了音量，連打鬧喧嘩都輕聲細語的。空氣好像剛被大雨洗過，映入眼簾的風景每一幅都色彩鮮明。潺潺溪水藍得好像寶石一樣，在陽光下閃著動人的金光，各種動物的聲音此起彼落，各有自己的一席之地，共鳴得那麼剛好。超可愛獼猴懶洋洋

地帶著孩子經過。我們就這麼用英文參雜著非常不怎麼樣的日文單詞，比手畫腳，悠閒的邊走邊聊。

　　Ken說，他很喜歡壽司，是專業的壽司師傅，已經做了十年了。後來又去專門的學校學習他所熱衷的自然觀察，現在則在上高地一帶，一面擔任民宿服務員，一面熱血的著手進行自然觀察研究，放假時，就回到名古屋市區，在餐廳裡兼差繼續做喜歡的壽司。不經意地便能聽得出來，Ken有他的自信和驕傲，同時也非常享受現在的生活，彷彿每條他所選擇的道路都能讓自己熱血沸騰。哈哈哈，可惡！這到底是什麼浪漫人生啊！也太爽了吧！

　　是啊，人生中還有太多更重要的事情了。我們總是習慣為現實所困，讓自己無從選擇的忙得焦頭爛額，甚至沒有時間是可以停下來真正思考的。就拿職涯規劃來說好了，難道一個人就只能有一份工作、一項興趣，一種職涯人生嗎？時至今日，科技極速發展、工作模式早已不同於以往，而我們的工作思維竟然一點也沒變。

　　如果可以只專注於一件自己最熱愛的事當然很好，但是對於那些興趣廣泛，或者還在摸索、還在試圖了解自己與人生的人們呢？難道我們就不能多方嘗試各種職涯組合、各種人生可能嗎？死守著一份渾渾噩噩的工作，和一間不好不壞的公司一同分享一個沒有感情的目標，然後一天一天，年華

就這麼似水流去。你總會忍不住想著，如果我去到一間與自己理想契合的公司、如果我正做著那份能讓我每天早晨都興奮的從床上清醒的工作，如果我任性的去試遍了所有快樂的可能，如果⋯⋯。

「做不到2年就換工作，不穩定、抗壓性差！」

「沒有熱情沒關係，死守在崗位上熬個10年，就是你的了」

⋯⋯

社會期待總要我們堅持、從一而終，因為這才是負責任的表現。那誰又來為我們的職涯人生負責呢？記得有一年，某航空公司倒閉，內部哀鴻遍野。許多空服員被失業擊垮，除了空服員專業便無其他一技之長，一籌莫展；然而有些空服員卻好整以暇的轉換跑道，成為禮儀或旅遊講師、專欄作家、知名部落客、甜點師⋯⋯，他們早在空服員工作時便已經開始持續充實自己、發展第二專長與興趣，面臨裁員、甚至公司倒閉，對他們來說，都不過只是開啟下一段精彩職涯人生的完美契機。每個人都應該有權利去探索熱情，去為自

己想更多，去選擇那個「能讓自己未來的機會與選擇都極大化」的人生道路才對，不是嗎？

　　其實「用自己愛的方式過生活」、「成為自己最喜歡的樣子」未嘗不是一種成功，可是我們卻總是必須在現實的壓力、世俗的眼光與所愛人們沉重的期待下不斷妥協，心不甘情不願的成為那個社會所期待的自己。而在物價高昂、社會規範與期望比之臺灣只有過之而無不及的日本，Ken卻輕鬆自在地便做到了。

　　究竟是我們不夠努力，還是自己不夠勇敢呢？

　　上高地回程時，望著硬是陪著我們一起提早一站在山下停車場下車，然後一臉慈愛的為我們把車開到鬧區晚餐餐廳門口後，才放心的爽快揮手離去的Ken，又不禁覺得，不論他是如何排除萬難或離經叛道的做到的，這樣善良真誠的大男孩，自然值得最快樂自在的生活。

　　其實人生最大的幸福之一，便是擁有自由選擇的能力。選擇你所愛，愛你所選擇，多好。

年假遊日本名古屋：初夏的上高地自然保護區
【浮動的靈魂，需要時間與空間來沉澱。】

常保熱情與好奇心的人，
從不無聊！

臺灣最特別的職業，最特別的人：來自印尼
的奇女子

她叫安妮，是我的第一個印尼朋友。長得算挺高，眼睛亮亮的，皮膚曬得黝黑，身體很強壯，笑起來特別有感染力，讓人想跟著一起瘋子似的捧腹大笑！

　　第一次見到她，感覺是個特別時髦的酷酷女生，那種酷不會讓人感覺冷淡，而是一種自在的態度，好像這個世界向她招手，所以她就走來了，一派的輕鬆，隨遇而安！

　　那時候我阿公正因為跌倒而行動變得困難，老人失智的症狀也突然飛也似的偷跑了好長一段路，我們在阿公的記憶裡越來越模糊了。而安妮就在這個時候進入了我們的家庭，擔負起了照顧阿公的重任。

　　我阿公是個粗人，卻也是個守禮的傳統紳士，更是最體貼、堅強，最不願意麻煩別人的硬漢。就是那種有什麼事都自己扛，受傷、不舒服也不會跟人說，身體再痛也不會聽他哎一聲，從來就只有他幫助身邊的人，而不輕易接受別人照顧的人。原本以為，突然來了一個陌生女生要為他沐浴更衣、把屎把尿，一定會需要一段適應期。

　　沒想到，第一個晚上，阿公只是說了幾聲「拍謝啦」（不好意思），然後兩人就好像老朋友一樣了！安妮說吃飯就吃飯，說洗澡就洗澡，開開心心的，不吵也不鬧。也許，這就是緣分吧！

　　我們幾個孫子從小就跟阿公感情好，阿公是家裡的幽默

大師，我們相處也總是嘻嘻哈哈的胡講亂講，就算阿公的記憶力越來越差，開始忘記事情，忘記自己，也忘記我們了，大家還是一如往常的笑嘻嘻，跟阿公天南地北的胡說八道。只是說不失落是騙人的，有時候想到阿公就這樣輕描淡寫地把我們從記憶裡抹去，還是會有點傷心。

可是安妮來了，她比我們還會瞎扯胡鬧，什麼老人失智症，在她的眼裡不過就只是人生一個充滿趣味的奇異旅程！我們一起笑看很多有趣的生活事，每件事都是我們家茶餘飯後說不膩的話題，還有什麼比忘記最在意的人事物更來得奇妙呢？

問阿公幾歲，他會告訴你他今年28，有時候還會返老還童，再減10歲！阿公覺得自己尚未娶妻，卻老愛跟我討論坐在我們斜對面的那個妹子（我阿嬤），關心人家從哪來的、怎麼都沒笑，吃東西也要我們先拿去給那位小姐吃了才願意吃，搞得我阿嬤哭笑不得，到底是真忘記你老婆了還是假的！這樣搞笑的故事層出不窮，我覺得我阿公失智的後半輩子都可以拍成一部電影了！

因為有個笑聲無比豪邁的印尼女人，可以一起大笑的面對這場歲月所開的玩笑，第一次覺得老人失智或許也是上天賜給我們的一種禮物，讓我們放下過去，笑看人生，然後在最後安然地面對死亡。畢竟我阿公的一生走來也是挺辛苦

的，身為貧苦大家庭的長子，這輩子的擔子也夠重的了。或許老了之後，不用太聰明、太計較，就這麼什麼都不要想，開開心心的吃飯、睡覺、過日子，也是一種幸福。

關於安妮神奇的事情還有很多，她是大學畢業的高知識分子，會說印尼話、阿拉伯語、英語，還精通國語和臺語，更煮得一手印尼和臺式好菜！她是個爬樹高手，可以飛快的爬到6、7公尺高的芭蕉樹上去採芭蕉！白天在家裡跟阿公阿嬤3個人無聊，就時不時地跟老人家開些無傷大雅的玩笑，天南地北的聊，或放音樂瘋狂的舞動一曲。很有生意頭腦，在臺灣工作存的錢，就用在家鄉做生意，給家裡開雜貨店，現在更是一排即將開幕美麗民宿的老闆娘！

充滿同情心和正義感，在臺灣朋友出奇的多，出去遇到家鄉來的朋友有急事，也總是毫不猶豫的仗義相助。雖然是辛苦賺來的錢，她對朋友從不小氣。我也是透過安妮，才知道，原來臺灣的種族歧視是這樣的嚴重，這樣根深蒂固得可怕！有個印尼來的女生，在雇主家生病了，雇主卻怎麼樣也不准她去看醫生，直到有一天在家裡昏倒才被緊急送醫，年紀輕輕就要插管治療，最後家屬趕來臺灣，拔管後人也就這麼走了。然後什麼事也沒發生。好像外籍勞工的生命不值錢一樣，雲淡風輕！

是個無比虔誠的穆斯林，卻能毫不遲疑的包容、尊重每

個人的宗教信仰，從來不會批評什麼，她說神是真實存在的，不管大家叫祂什麼、以什麼形式尊敬祂，祂帶著我們做好事！他們每年過年前總有一陣子要進行禁食，只有晚上可以吃東西，每晚都見她很認真的在床前讀可蘭經、敬拜，還很得意的秀肌肉，說她這陣子禁食排毒，又有神保佑，身體每天都還是很強壯！總是充滿好奇心，很有研究精神，對任何事都學得很快。也別想因為她是外國人就欺負她，她可是會據理力爭，和態度惡劣的司機和護士吵架的恰查某！

最重要的事，她待人處事總是那樣的熱情、溫暖，像陽光一樣，不管遇到什麼事，都還是堅持用那雙晶亮的眼睛和善良的心去擁抱這個世界。我希望她一直是這樣聰明、美麗、善良、勇敢，永遠都不要變。

所以，誰說看護的生活不有趣、不精彩呢？她就這麼走入了我們的家庭，改變了我們看待生老病死的態度，也改變了我們狹小得可憐的世界觀。懂得常保好奇的心，用熱情去探索世界的人，從不無聊！

英國倫敦Finsbury Park：旅居倫敦工作時，租屋處旁的迷人公園。

不只找工作，
幫你找到「好工作」　216

公園裡的街頭音樂家

「我只是全心全意的做著最熱愛的事，
錢自然就這樣進來了。」

倫敦是一個活力充沛、混雜著各種豐富文化色彩的奇妙城市。在那兒工作的日子，總是覺得處處都充滿了無限可能，好像下個轉角就有驚喜，好像再大的夢想都可以透過努力實現。

　　就在那天，我不小心忘了無聊的羞恥心、忘了周遭來來去去的行人，在倫敦某個有著陽光與大片草地的公園裡，聽著音樂就開始跳起舞來了，偌大的公園裡面好像就只剩下天空、草原、奸詐的海鷗還有我。我從小就熱愛跳舞，在那樣的當下好像突然拋下了所有身在異鄉的拘束，完完整整的做回了真正的自己，幸福得幾乎忘我！

　　突然一位黑人music artist，帶著饒富趣味的晶亮眼睛與耍酷中帶著真誠的溫暖笑容，跑向我，開始略帶靦腆的和我攀談。我們一下子就一見如故的聊開了，他說他認識很多跳街舞的朋友，大家常常一起玩音樂一起跳舞，我可以加入他們，我們跳舞，他提供新的音樂，大家一起玩一起分享。

　　我們其實只是聊聊天，就覺得整個人都被refresh了。他一直在聊他的夢想，還有問我的。他和朋友一起創立了一個街頭品牌，他說：想做什麼勇敢行動便是，失敗了又有什麼大不了的？很多時候他其實就只是全心全意的做一件事情，從來沒有想過要賺多少錢，只是憑著一股熱情、傻勁，開開心心的也就做了，然後不知不覺的錢就這樣進來了。說到這

裡，他又帶著那種無所謂的欠揍態度，大笑了起來。

是啊！其實人生哪有那麼難呢！很多時候不問緣由的跟隨自己的內心，到頭來也還是可以船到橋頭自然直。或許這也算是一種不一樣的生活哲學吧！好像可以活得比較輕鬆自在一點。

他是從非洲國家來的，他說這裡的人都太過緊繃，背負了太多的包袱、防備和偽裝，他想要創作好的音樂，那種讓大家都可以很放鬆、很享受的自在舞動身體，不會因為種族文化隔閡而有所侷限的音樂！我聽著聽著就不知不覺的笑了，聽著聽著又不知不覺的癡了。

這種只隨我心的任性，把挫折當笑話看的泰然，狂妄的夢想和瘋子似的行動力。不禁笑嘆，這世上還有什麼力量是可以阻止得了他的嗎？如果我們也開始傾聽自己內心的聲音，開始肆無忌憚的為理想傾盡全力、放手一博，生活會不會從此不同？

在英國倫敦巧遇泰晤士河畔演奏的熱血街頭樂團。

跟日本民宿老闆阿公阿嬤學「敬業」

用崇敬的心看待工作，驕傲的擁有它，然後擁有最完整的自己

在日本白川鄉自駕旅行時，我和老友幸運的入住了一間看似樸實無華，卻能讓人彷彿回到鄉下老家般卸下一切偽裝煩憂、徹底放鬆的神奇民宿，就好像剛巧住進了隨便一齣日劇裡平凡主人翁日常而親切的家。民宿的主人，是一對硬朗得讓人猜不出年紀的日本阿公阿嬤。原本是想到日本鄉間去野一下的，沒想到卻在這對神奇民宿阿公阿嬤的身上收穫最多。

　　我們抵達民宿時天色已晚。登記入住時，不經意的瞥見一臉招待貴客般慎重的忙進忙出的主廚阿公，而等著我們的，是滿桌熱騰騰的鄉村菜色。往後在民宿的每一天，這對驚人的阿公阿嬤，都怕我們會餓死似的，用滿到溢出餐桌的食物餵食我們。早餐是炒蛋、沙拉、水果、培根、白飯、醬油清蒸豆腐時蔬、自製多色醃菜和味噌湯，晚餐是壽喜燒／石盤烤肉與時蔬、炸物拼盤（炸大蝦、炸野菜、炸天婦羅……）、三色生魚片、自釣鹽烤小溪魚、自製多色醃菜還有一小鍋熱騰騰的石鍋雜菜拌飯。不用懷疑，這全都是一人獨食的分量啊！我們有時都不禁在想，阿公阿嬤是不是盤算著要先養胖我們，然後再宰來吃，就像糖果屋童話裡的巫婆那樣！

　　民宿阿嬤是一位氣質優雅的傳統日本女人，話不多，臉上看不出太激動的情緒起伏，但上菜時總是用質樸典雅的

餐具有條不紊的細心擺盤，含蓄地微笑著關心我們吃的習慣否、有沒有吃飽。民宿阿公則是一位開朗健談的老人，總是在吃飯空檔和我們比手畫腳的，用日文和破碎的簡單英文單詞拼湊著閒話家常。看不出來，阿公阿嬤都是戶外運動健將，兩人從年輕到現在，都是一起滑雪、一起玩獨木舟的好夥伴。我們去時已是春末，聽說白川鄉的冬季美麗更甚，整座村落、山河都會被白茫茫的大雪覆蓋，那時後造訪滑雪正好！

　　知道我們有心找艘小船一覽附近鮮有人至的湖泊風光，阿公一通電話，馬上幫我們和他的當地老友預約了一艘隔天下午的獨木舟！白川鄉碧綠湖泊的小舟遊湖旅程，儘管讓人划到手快殘廢，卻完全沒有令我們失望，湖面上一個人也沒有，卻美得彷彿世外桃源。阿公還興奮的加碼推薦了一處堪稱完美的私房泡湯賞湖地點，水氣氤氳的溫泉池就緊鄰著澄澈的天然湖泊，泡著令人讚嘆的舒服裸湯，放眼望去便是寶石般的湖光山色，吸吐著冰涼透心的空氣，身體卻是暖呼呼的。

　　隔天一早，我們更驚喜地從民宿阿公的手上接下一張他為我們悉心繪製的手繪地圖，上頭詳載著所有我和老友昨晚提過的當地景點位置，還貼心地為我們標註了時間，什麼地方要早上去，什麼地方傍晚正好，然後一再堅持地讓我們六

點半一定回家吃熱騰騰的晚餐。捧聖旨般受寵若驚的握著那張無比詳盡的手工地圖，不知怎麼的心頭暖暖的一陣激動。

待在那兒的幾天，好像是開始工作以來最無憂無慮的日子了。早上早早起床，乘著清晨的薄霧，在附近的田裡晃悠，坐在田野之間的土丘上看遠方的大山，聽放肆的蟲鳴鳥叫，偶爾還能在路旁巧遇翠綠色的可愛青蛙。然後好好吃頓豐盛營養的早餐。民宿阿公阿嬤送小孫子上學後，便開始快活的忙碌了起來，而我和老友則悠悠哉哉的出發，快意的探索大片自然原野、造訪廣闊文化聚落。晚上早早歸來，和可愛的人們聚在一起，專心吃飯、真誠交流。突然驚覺，這似乎才是生活本該擁有的樣貌。我們……究竟有多久沒有正正常常的「過生活」了？

這對民宿老夫婦和兒子、媳婦與孫子同住。其實一開始我們是有點納悶甚至雞婆得有些惱火的，不解為何總是只見兩位老人家忙進忙出，卻只是偶爾見到他們的兒子、媳婦出來幫忙。後來經過閒聊才總算明白過來，原來阿公阿嬤的兒子、媳婦都是另有工作的，兒子還是白川鄉當地著名世界文化遺產「合掌村」裡珍貴傳統老房子「合掌屋」的屋頂修葺專家。而這間民宿則是阿公阿嬤自己，從年輕時便引以為傲的經營到現在的「事業」，做得可開心、自豪了，自然不勞旁人代勞。我和朋友聽完都不禁失笑，原來我們全想錯了！

差點成了自以為正義的雞婆愚民。

　　阿公的爸爸是鄉里裡受人敬重的老師，而阿公當年創業時，民宿旅館的名字便是以自己當時老邁父親的名字為名。聽到這裡我又不禁內心一陣澎湃的小激動，究竟是多麼深厚的情感與敬愛，才能讓一個孩子把自己一手建築起來的事業，滿心歡喜的以自己父親的名字為名啊？

　　民宿裡有一架老鋼琴，知道朋友會彈鋼琴後，有天晚上民宿阿公便在晚餐後兩眼發光、滿臉期待的牽著蹦蹦跳跳的小孫女前來，敬邀她彈奏一曲。我和阿公阿嬤與他們一男一女的一對可愛小孫子全都歡欣鼓舞的圍在老友身旁。真不愧是我的音樂才女朋友！她就這麼憑著記憶中的旋律，開始一曲彈過一曲，想不出曲子了就纏著阿公阿嬤要歌，阿公阿嬤靦腆的笑著，哼了幾首好聽的日本小曲子，而我的天才朋友一下子便抓到旋律，悠揚的即興彈奏了起來。然後阿公突然神祕兮兮的轉入內室，神奇的搬出了全套的傳統伴奏樂器，大夥兒就這麼圍在一起，拉著樂器相和，又唱又跳。天啊！這實在是太過溫馨，我邊跳邊看著眼前這美麗的一幕，有些失神。我們何其有幸，可以成為這可愛一家人今晚的一分子啊！

　　離去前的那晚，阿公慎重的請問了我與朋友的名字，於是我也禮尚往來的回問了阿公的大名。他笑而不語，歡喜地

從最上層的櫃子裡搬出了整套的文房四寶，開始文人雅士般地捲捲衣袖磨起墨來。先是自己的名字，然後老婆的，兒子的、媳婦的、孫子們的名字，全都工工整整、一字不差的寫在好看的宣紙上。阿公的毛筆字好看得不得了，還貼心的在每個日文字旁以英文字母一一拼出讀音。我們互相分享、解說彼此名字的來由、原意。我好像忽然重新認識了人與人之間單純真摯的連結，心裡一陣震動的溫暖。只是……阿公！你都不怕我們是詐騙集團嗎？

記得離去那天，民宿阿公將兩把傳統摺疊小紙扇交到我和朋友的手中，被歲月精心刻下層層美麗皺摺的眼睛，彎成月牙兒的形狀，滿是笑意。展開一看，上頭全是阿公行雲流水的毛筆字！原來是阿公昨夜特地執筆寫的，分別是我們那天晚上一起彈唱的兩首日本民謠。阿公阿嬤說：「別忘了五箇山喲！」，兩人90度鞠躬又笑咪咪地連連揮手。十八相送的從屋裡送到門外，當我們繞到屋後準備發車離去時，更搞笑驚喜的發現阿公阿嬤竟然已經矯健的從內室穿越到後門來了，帶著一貫含蓄的笑容，用最大的熱情，用力歡送我們。

往後的日子裡，我都不禁會想，快樂的工作和生活真的有那麼遙不可及嗎？當時日本民宿阿公阿嬤忙碌的身影時常出奇不意的出現在我的腦海中，他們只是發自內心地為自己的工作感到驕傲，享受於每一個細心擺盤、用心烹調的過

程，享受於每一項鋪床疊被、貼心照看的細節，享受於人與人之間真誠的互動與想為彼此留下美好記憶的單純心意。

　　工作中的快樂好像其實不難，如果你願意努力嘗試尋找、創造一份能讓自己真正熱血沸騰的工作；如果你把工作看做「事業」而非為了賺錢不得已而為之的枷鎖的話。就好像日本民宿阿公阿嬤一樣，帶著真誠，一起笑，用心聽，用最極致的服務，教會我們如何在享受工作的同時，珍惜人生燦爛光陰。用崇敬的心看待自己的工作，驕傲的擁有它，然後擁有最完整的自己。

　　就連許久之後的現在，我都還清晰記得當時造訪的感動。事情總是過了越久越能看得透徹，其中的道理好像再明白不過：你必須尊重工作，認真無比的看待自己所做的每件事情，然後才能真真正正的贏得別人的尊重。原來工作中追求極致的熱忱，是可以改變自己命運的色彩與生活的狀態，甚至是感染周圍的人們的。或許，這就是所謂的「敬業」吧！

日本白川鄉：我們在五箇山下塌的可愛阿公阿嬤民宿與當時所租的車子——「糰子」

非主流Model到古著店夢想家：不受控的西班牙女孩

她說：「天啊！為什麼要活成別人喜歡的樣子？看看妳自己，多美呀！」

在倫敦實習工作時，我在合租公寓裡，認識了一位總是能用極不科學的無限正能量，日日激勵我的不可思議西班牙少女。搞得我不得不每天都積極正面，那段旅居英國首都的可愛日子裡，總是覺得整座倫敦城永遠都有不可思議的事情正在發生，好像什麼天馬行空的夢想，都能夠透過努力一一實現！現在回頭看看自己當時的照片，豐腴得很飽滿的臉蛋紅撲撲的，每張照片上的笑容，都陽光燦爛得不得了。

　　聽到這裡，如果你以爲，我室友是像德雷莎修女般的慈愛光明人物，那你就錯了！她大概是我見過最離經叛道，卻也最俏皮優雅的野獸派奇女子了。

　　望著那雙美麗又瘋狂的藍綠色眼睛，充滿笑意，妳會一秒理解，再荒誕的故事發生在她的人生裡都是毫無違和感的。就是那種「好的、壞的，都沒什麼大不了，誰在乎那些呢！」那樣漫不在乎又強壯美麗的靈魂。總是在酒後，用各種毫不隱諱的狂野性話題，爲我進行轉大人的健康教育。房裡自栽了一盆生機盎然的大麻，時不時就吞雲吐霧的華麗現身，問我要不要來一點。守法公民如我，雖然從來就沒膽嘗試，長久下來卻也從此識得了大麻的氣味。

　　當時我剛結束英國碩士學業，正開始在倫敦的在地旅遊公司實習。她比我還要小上3歲，還是個恣意揮灑灑青春本錢的瘋狂大學生。我特別喜歡和她聊人生、談夢想，因爲她

總能爽快的一語道破那些當局者迷，卻再顯而易見也不過的事物關鍵，並給出充滿智慧的看法與建議。在她的觀念裡，好像從來就沒有不可能、辦不到這回事，有的只是「想與不想」。或許就是被這樣無懼的她啟發，才讓我在往後的挫折裡，都能頑固的秉持著自己那無可救藥的樂天精神，笑看人生起伏吧！

　　她熱衷藝術、時尚，也關心社會現象。廚藝一流，歌聲宛如天籟，自己就是模特兒，常參與各種攝影創作計畫，對於時尚更有自己的一套獨到見解。總是對名牌商品心如止水，認為那不過是行銷包裝炒作下的產物，勇於嘗試並找到真正適合自己的風格才是最重要的。

　　對於真心喜愛的事物，她也總是那樣的「行動派」，且熱度歷久不衰！想當模特兒，就和攝影師朋友合作拍攝，學生時期就開始不斷產出、累積作品；熱愛二手衣飾的經典、優雅，就和有同樣熱情的朋友們去擺攤，甚至一起籌劃開店，商品攝影、上架、宣傳全都一手包辦。這樣的她，結合了年輕人的熱情無畏與成熟大人的縝密思維和超強執行力，真的非常迷人。

　　有些人或許會不以為然的說：「她能這樣對人生充滿希望，只不過是運氣好，特別受到命運之神的眷顧罷了！」那你可能真的誤會了，其實開朗的她也並非一生順遂，關於

她戲劇化的童年故事有很多。從小父母離異，父親不常在家，長期受後母冷言冷語相待，除了和後母所生的女兒們感情融洽之外，兒時的遭遇和灰姑娘童話幾乎相去不遠。在學校時，因為偏個性型的長相與扁扁的俏皮嘴唇而被同學們戲稱為「鴨子」，甚至受到無知孩子們的霸凌。青少年時期，因為對大環境的不理解，再加上年少輕狂的叛逆，荒唐的事情就更多了。有段時間為了迎合社會病態的審美標準而拼命減肥，甚至得了輕微的厭食症，身高170公分以上的她，體重掉到僅剩40多公斤。看著當年在充滿藝術色彩的學生攝影作品裡擔綱Model角色的女孩，雙頰凹陷、反叛的眼裡盡是對世界的控訴，和如今眼前這位充滿自信、有著恰到好處的性感豐腴，身材結實、飽滿而修長、健康的她，簡直判若兩人！我目瞪口呆，想說些什麼寬慰的話卻一時實在無話可說。而她卻輕描淡寫的笑談過去，彷彿一切都不過只是命運開的一場小玩笑，造就了她今日的美麗、自信與強壯，也教會了她淡然面對生活的幽默智慧。其實她的笑容，早已宣示了自己與眾不同的堅強。

「就勇敢去做妳想做的事吧！妳覺得自己夠好，妳就夠肯定夠好；妳覺得自己不夠好，妳就永遠也辦不到！」這是她最常發表的論調。的確，有時我們不敢追隨內心去實現夢想，並不只是因為時不我予或身邊人的反對而已，更多的時

候其實都不過是出於膽小的「害怕自己不夠好罷了」！覺得世上盡是做得比我更好的人，擔心自己並非如想像中那樣優秀，所以不如現在就放棄，停止努力，讓夢想成爲腦海裡一輩子封存的美好想像，然後安慰自己：「之所以沒有成功，只是因爲我沒有努力罷了！」

但是，難道只有世界第一的醫生可以當醫生，只有世界第一的畫家有資格做畫家嗎？其實天下之大，有的是立足之地，不是第一名又有什麼關係？世界第二名，甚至第幾千幾萬名都好，只要有足夠的自信、魄力去全心努力，好讓「熱情成熟至昇華爲專業」，你就已經與常人非常不同了。事實上，光是這樣的不同，就足以讓你成爲某個領域的專家，並在世界的某個角落裡，驕傲擁有自己的一片天地了。

我是個俗人，有時終究還是會因爲太在乎社會的標準與旁人的期待而庸人自擾。覺得自己好像不夠纖細漂亮、擔心自己不夠優秀出色、煩惱自己的夢想是否能算得上是大家所認同的那種功成名就。

可是她說：「天啊！爲什麼要活成別人喜歡的樣子？看看妳自己，多美呀！」我忽然茅塞頓開。是啊！憑什麼我們的人生要爲別人而精彩呢？

就這麼一次，認同自己、爲自己而美麗吧！生活本就該過成自己最喜歡的樣子。

英國倫敦：充滿反叛與創新的東倫敦舊城市集。

國家圖書館出版品預行編目資料

不只找工作，幫你找到「好工作」／陳暐婷
著.--二版.--臺北市：書泉，2018.09
　面；　公分
ISBN 978-986-451-145-7（平裝）
1.就業　2.職場成功法
542.77　　　　　　　　107014704

4921

不只找工作，幫你找到「好工作」

作　　者 ― 陳暐婷

發 行 人 ― 楊榮川

總 經 理 ― 楊士清

主　　編 ― 王正華

責任編輯 ― 金明芬

封面設計 ― 童安安、姚孝慈

出 版 者 ― 書泉出版社

地　　址：106臺北市大安區和平東路二段339號4樓

電　　話：(02)2705-5066　傳　　真：(02)2706-6100

網　　址：http://www.wunan.com.tw

電子郵件：wunan@wunan.com.tw

劃撥帳號：01303853

戶　　名：書泉出版社

總 經 銷：貿騰發賣股份有限公司

電　　話：(02)8227-5988　傳　　真：(02)8227-5989

地　　址：23586新北市中和區中正路880號14樓

網　　址：www.namode.com

法律顧問：林勝安律師事務所　林勝安律師

出版日期：2018年 4 月初版一刷
　　　　：2018年 9 月二版一刷

定　　價：新臺幣420元